高职高专"十三五"规划教材

# 乡村旅游导览实务

贾艳琼　主编

郑　莹　秦志红　王春梅　副主编

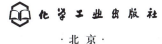

·北京·

本书遵循高等职业教育规律，根据新型职业农民的特点，按照导游实务的主要程序，分为理论篇和实践篇两部分，采用项目教学的形式进行编写设计。理论篇分为：认识乡村旅游、乡村旅游导游的服务与人员、乡村旅游导游工作流程、乡村旅游导游技能、乡村旅游活动中常见问题的处理和旅游者投诉的处理五个项目；实践篇分为：古村落型、休闲农园型、博物馆型三个项目。本书在编写过程中遵循"实用、够用、管用"的原则，体现职业教育和农民培训的特点。具体项目中包含项目目标、导入、知识链接、案例分析、技能训练、项目情景等内容，凸显实用性。本书可以作为高职高专旅游管理、乡村旅游、导游服务等专业的教材，也可以作为新型职业农民培训的教材。

### 图书在版编目（CIP）数据

乡村旅游导览实务 / 贾艳琼主编. —北京：化学工业出版社，2019.10
ISBN 978-7-122-34831-9

Ⅰ.①乡… Ⅱ.①贾… Ⅲ.①乡村旅游-导游-职业教育-教材 Ⅳ.①F590.63

中国版本图书馆 CIP 数据核字（2019）第141326号

---

责任编辑：蔡洪伟　　　　　　　　　　文字编辑：李　曦
责任校对：张雨彤　　　　　　　　　　装帧设计：关　飞

出版发行：化学工业出版社（北京市东城区青年湖南街13号　邮政编码100011）
印　　刷：北京京华铭诚工贸有限公司
装　　订：三河市振勇印装有限公司
710mm×1000mm　1/16　印张11¼　字数220千字　2019年10月北京第1版第1次印刷

购书咨询：010-64518888　　　售后服务：010-64518899
网　　址：http://www.cip.com.cn
凡购买本书，如有缺损质量问题，本社销售中心负责调换。

---

定　　价：38.00元　　　　　　　　　　　　　　　　　　版权所有　违者必究

# 前言 QIANYAN

党的十九大报告提出实施乡村振兴战略,"产业兴旺、生态宜居、乡风文明、治理有效、生活富裕"是实施乡村振兴战略的总体要求,也是推进乡村振兴战略的根本任务。产业兴旺不仅要实现农业发展,还要丰富农村发展业态,促进农村一二三产业融合发展。乡村旅游是北京都市型现代农业的重要组成部分,是推进乡村振兴战略、城乡一体化发展的重要内容。为加快推动乡村旅游提档升级,北京市印发《关于加快休闲农业和乡村旅游发展的意见》,该意见提出要不断扩大北京市乡村旅游产业规模,践行"绿水青山就是金山银山"的发展理念,推进农村一二三产业融合发展,积极开发农业多种功能,挖掘乡村生态休闲、旅游观光、文化教育的价值,加强统筹,促进农业与旅游、教育、文化、体育、健康、养老等产业深度融合。扶持建设一批具有历史、地域、民族特点的特色景观旅游村镇,打造形式多样、特色鲜明的乡村旅游休闲产品,加大对乡村旅游休闲基础设施建设的投入,提高管理水平和服务质量。

本书旨在为乡村旅游从业人员的培训及高职院校旅游管理(民俗旅游方向)、休闲农业、观光农业、导游服务的专业教学提供一本实用性强的教材。本书在编写过程中遵循"实用、够用、管用"的原则,彰显职业教育与农民培训的特色。本书具体编写分工如下:理论篇项目三、实践篇项目一由贾艳琼编写;理论篇项目二、实践篇项目二由郑莹编写;理论篇项目四由秦志红编写;理论篇项目五由王春梅编写;理论篇项目一由林月编写;实践篇项目三由才逸男编写;本书由贾艳琼统稿;"周口店遗址博物馆"由才逸男提供部分案例及景区材料。

在编写本书的过程中,我们参考了大量国内外有关专家学者的著作、论文和研究成果,在此向有关专家、学者、单位和个人致以衷心的感谢。

限于编者的水平,疏漏之处在所难免,衷心希望本书的使用者予以匡正,在此谨致以诚挚的谢意。

编者

2019年4月

# 目 录 MULU

## 第一篇 理论篇 / 1

### 项目一 认识乡村旅游 / 2

#### 任务一 乡村旅游的概念及特点 ········· 3
（一）乡村旅游的概念 ········· 3
（二）乡村旅游的特点 ········· 4

#### 任务二 乡村旅游的起源和发展 ········· 7
（一）国外乡村旅游的起源和发展 ········· 7
（二）国内乡村旅游的起源和发展 ········· 9

#### 任务三 乡村旅游开发的类型和典型模式 ········· 12
（一）乡村旅游的类型 ········· 12
（二）乡村旅游开发的典型模式 ········· 14

#### 任务四 乡村旅游的转型与升级 ········· 18
（一）乡村旅游转型升级的必要性分析 ········· 18
（二）乡村旅游转型升级的路径分析 ········· 19

### 项目二 乡村旅游导游的服务与人员 / 24

#### 任务一 乡村旅游导游服务 ········· 25
（一）乡村旅游导游服务的概念及内容 ········· 25
（二）乡村旅游导游服务的特点及原则 ········· 25
（三）导游服务在乡村旅游中的作用 ········· 28

#### 任务二 乡村旅游导游人员 ········· 30
（一）导游人员的概念及分类 ········· 30
（二）导游人员的基本素质 ········· 31

（三）导游人员的职业道德和行为规范 ································· 34

## 项目三　乡村旅游导游工作流程 / 38

### 任务一　接团服务准备 ································· 39
（一）接受旅行社委派 ································· 39
（二）熟悉接待计划 ································· 40
（三）落实接待事宜 ································· 41
（四）物质准备 ································· 42
（五）形象准备 ································· 43
（六）知识准备 ································· 43
（七）心理准备 ································· 43

### 任务二　迎客服务 ································· 45
（一）迎客前的准备工作 ································· 46
（二）迎客后的服务 ································· 47
（三）沿途导游服务 ································· 47

### 任务三　入住酒店及用餐服务 ································· 51
（一）介绍酒店的情况 ································· 51
（二）入住酒店的相关服务 ································· 52
（三）餐饮服务 ································· 53

### 任务四　参观游览服务 ································· 57
（一）出发前的服务 ································· 58
（二）途中导游服务 ································· 59
（三）景点游览 ································· 61
（四）特殊活动安排 ································· 63
（五）返程中的工作 ································· 63

### 任务五　文娱及购物服务 ································· 65
（一）文娱活动 ································· 66
（二）购物服务 ································· 66

### 任务六　送站及后续服务 ································· 69
（一）送站前的业务准备 ································· 69
（二）离店服务 ································· 70
（三）集合上车 ································· 71

（四）送行服务 …………………………………………………… 71
　　（五）后续工作 …………………………………………………… 73

## 项目四　乡村旅游导游技能 / 76

　任务一　语言技能 ……………………………………………………… 77
　　（一）导游语言的基本要求 ………………………………………… 79
　　（二）导游讲解常用的方法 ………………………………………… 81
　　（三）应对技能 ……………………………………………………… 86
　任务二　带团技能 ……………………………………………………… 93
　　（一）导游带团的特点 ……………………………………………… 94
　　（二）导游人员带团的原则 ………………………………………… 95
　　（三）导游的带团技能 ……………………………………………… 95
　任务三　旅游者个别要求的处理技能 ………………………………… 105
　　（一）处理旅游者个别要求的基本原则 …………………………… 106
　　（二）餐饮、住房方面个别要求的处理 …………………………… 107
　　（三）娱乐、购物方面个别要求的处理 …………………………… 110
　　（四）游览方面个别要求的处理 …………………………………… 112

## 项目五　乡村旅游活动中常见问题的处理和旅游者投诉的处理 /115

　任务一　乡村旅游活动中常见问题的处理 …………………………… 116
　　（一）旅游者走失的预防与处理 …………………………………… 116
　　（二）交通事故的预防和处理 ……………………………………… 118
　　（三）火灾事故的预防和处理 ……………………………………… 119
　　（四）天灾逃生 ……………………………………………………… 120
　任务二　旅游者投诉的处理 …………………………………………… 122
　　（一）旅游者投诉的原因 …………………………………………… 123
　　（二）旅游者投诉的心理 …………………………………………… 124
　　（三）导游人员针对旅游者口头投诉的处理 ……………………… 125
　　（四）导游人员针对旅游者书面投诉的处理 ……………………… 127

## 第二篇　实践篇 / 129

### 项目一　古村落型（以爨底下村为例）/130

如何撰写导游词 ······················································ 130
　　（一）如何撰写导游词 ·········································· 132
　　（二）爨底下村资源概况 ········································ 137

### 项目二　休闲农园型（以洼里博物·乡居楼乡村文化庄园为例）/146

如何接待特殊人群 ·················································· 146
　　（一）休闲农业与乡村旅游的模式类型 ························· 147
　　（二）特殊旅游者（团队）的接待 ······························ 151
　　（三）亲子农乐园类型及北京洼里博物·乡居楼乡村文化庄园概况 ······ 156

### 项目三　博物馆型（以周口店遗址博物馆为例）/ 164

如何提高导游讲解技能 ·············································· 164
　　（一）导游讲解的重要性 ········································ 165
　　（二）以周口店遗址博物馆为例展开导游讲解 ·················· 167

### 参考文献 / 175

# 第一篇
# 理论篇

## 项目一　认识乡村旅游

**【项目目标】**

**技能点**：通过本项目的学习，学生能够认识到乡村旅游开发的意义，并掌握乡村旅游开发应遵循的基本原则。

**知识点**：了解乡村旅游的产生与发展，乡村旅游开发的目的与意义；学习乡村旅游开发的典型模式；分析乡村旅游开发背景以及转型升级。

**验收点**：要求学生能够在实际乡村旅游案例中，结合乡村旅游特点分析实际案例中所采用的开发模式以及存在的问题。

**【导入】**

### 乡村旅游改变小村生活

随着党的十九大的胜利闭幕，"精准扶贫"与"乡村旅游"颇受关注，乡村旅游是实现"精准扶贫"的重要方式之一。在发展乡村旅游来脱贫减贫方面，作为"精准扶贫"理念诞生地的十八洞村可谓是一个典型的乡村旅游案例。反映中国精准扶贫攻坚战的电影《十八洞村》在全国首映，也让这座隐匿在湘西大山中的小山村，从默默无闻的贫困苗寨，华丽转身为人气飙升的乡村旅游胜地。

十八洞村位于湖南省花垣县双龙镇，具有许多可供开发的旅游资源，它是一个保存完整的苗寨，处于蚩尤部落群的核心区域，溶洞群也颇有特色，附近还有莲台山、黄马岩，与沈从文笔下的边城茶峒可以连成精品旅游线路。

在过去的两年间，来也股份全面参与了十八洞村的旅游扶贫规划。来也股份创始人杨振之对新旅界表示，十八洞村的乡村旅游发展模式，最大亮点就是"精准"，这个精准不仅体现在道路交通、景区景点、餐饮住宿等规划上，更体现在村民在乡村旅游中不同的参与方式上。比如，十八洞村居民可通过参与旅游经营、旅游接待服务、出售自家农副土特产品及土地流转等几种方式分别在经营、工资、农产品和租金方面获得收入，并全面参与到乡村旅游的接待服务中。

从十八洞村的旅游开发现状看，来也股份表示，无论是市场还是资源，旅游吸引潜力很大，但现有发展空间不足，停留时间短。"拔穷根"还需扶贫旅游规划的再实施。比如作为十八洞村的形象展示区，入口大门和周边梯田将进一步进行梳理、改造，并增加苗鼓、苗文、牛角等苗文化元素，丰富大门视觉效果，打造成为入口标志性景观，强化景观性和引导性。高桌子地块则以红色学习和农民培训为主要功能，配套餐饮、住宿等业态，以此来加强精准扶贫宣传、解决农民就地就业。培训中心入口建筑以传统苗族建筑风格为主，局部增加苗文化景观小品，强化苗家古村体验旅游目的地的品牌形象。

可以预见的是，随着十八洞峡谷公园、云杉漫步森林公园、培训中心、乡村客栈等项目的实施，以及接下来"扶贫合作社＋农户""扶贫公司＋农户"和扶贫景区带村等多种扶贫模式的增加，十八洞村彻底摆脱贫困将成为大概率事件。

（资料来源：中国乡村旅游网）

## 任务一　乡村旅游的概念及特点

### （一）乡村旅游的概念

对于乡村旅游的概念，国外学者多从乡村旅游（rural tourism）、农业旅游（agricultural tourism）、农场旅游（farm tourism）、村落旅游（village tourism）等不同角度对乡村旅游进行界定，这些概念在国外研究文献中具有通用性。世界旅游组织在《地方旅游规划指南》中定义乡村旅游为"旅游者在乡村（通常是偏远地区的传统乡村）及其附近逗留、学习、体验乡村生活模式的活动。该村庄也可以作为旅游者探索附近地区的基地"。这一定义具有指导意义，但将乡村旅游发生地点设定为"偏远地区的传统乡村"，明显具有时代局限性。Lane认为乡村旅游应至少具有5个特性："地处乡村，旅游活动具有乡村性，小规模化，社会文化的传统性，类型多样性。"这一论述对乡村旅游特质的描述较为精确。Nilsson认为农场旅游与乡村旅游相比范围较小，必须依赖农场和农民开展旅游活动，农场旅游只是乡村旅游的一个组成部分。Inskeep认为农业旅游、农庄旅游、乡村旅游三种旅游形态并无实质区别，而村落旅游特指旅游者到偏远乡村体验传统文化和民俗文化的旅游活动。实际上，学者们提出的乡村旅游概念一般包含了三个关键要素即乡村环境、传统文化和旅游功能，这是对乡村旅游概念解析的基本理论要素，也是乡村旅游从根本上区别于其他旅游形式的标志。

我国乡村旅游兴起于20世纪80年代，经过30多年的发展，国内对乡村旅游的研究已经有了一定的基础。但目前国内有关乡村旅游的认识差异较大，主要有"休闲农业""观览农业""观光农业""农村旅游""田园旅游""旅游农业""农家乐"和"旅游生态农业"等十多种称谓，典型的乡村旅游定义主要有：

杨旭（1992）认为乡村旅游就是以农业生物资源、农业经济资源、乡村社会资源所构成的立体景观为对象的旅游活动。杜江、向萍（1999）认为乡村旅游就是以乡野农村的风光和活动为吸引物，以城市居民为目标市场，以满足旅游者娱乐、求知和回归自然等方面的需求为目的的一种旅游方式。肖佑兴等人（2001）认为乡村旅游是指以乡村空间环境为依托，以乡村独特的生产形态、民俗风情、生活形式、乡村风光、乡村居所和乡村文化等为对象，利用城乡差异来规划设计和组合产品，集观光、游览、娱乐、休闲、度假和购物为一体的一种旅游形式。刘建平（2008）从城乡关系出发，认为乡村旅游是以城乡互动、城乡经济统筹发展思想为指导，以乡村独特的生态形态、民俗风情、生活方式、乡村风光、乡村居所和乡村文化等为吸引物，以都市居民为主要目标市场，以观光、游览、娱乐、休闲、度假、学习、参与、购物等为旅游功能，以城乡间的文化交流、人群迁徙为表现形式，兼具乡土性、知识性、参与性、高效益性、低风险性的特色旅游活动。

可以看出，学者们分别从不同的侧面分析了乡村旅游的含义，有的着重于从旅游主体出发界定乡村旅游，有的强调乡村旅游的功能和目的，有的从农业角度来定义乡村旅游，还有的是从城乡关系来阐述乡村旅游。

总的来说，乡村旅游的概念包含了两个方面：一是乡村旅游以乡村为旅游活动的发生地，二是乡村所有物以及农村活动为旅游吸引物，二者缺一不可，即乡村旅游特指在乡村地区开展的，以自然生态环境、现代农业文明、浓郁民俗风情、淳朴乡土文化为载体，以农村的环境资源、农民生活劳动为特色，集餐饮、住宿、游览、参与、娱乐、购物于一体的综合旅游活动。

## （二）乡村旅游的特点

乡村旅游目前已经成为人们回归自然，放松身心，感受自然野趣，体验乡村生活，进行休闲娱乐的主要方式之一。近年来，各地的乡村旅游在发展过程中根据各地实际情况，创新发展思路，积极探索实践，采取有效的对策和措施，形成了各自的发展特点。乡村旅游作为旅游业的分支，既有一般旅游活动的特点，还具有自身所独有的特点。

### 1. 自然性

乡村地域具有独特的自然生态风光，人口相对稀少，受工业化影响程度低，保存着生态环境的相对原始状态，并且乡村区域的生活方式和文化模式也相对保留着自然原始状态，水光山色、耕作习俗、民俗风情等无不体现了人与自然的和谐统一。我国乡村地域广大辽阔，种类多样，加上受工业化影响较小，多数地区仍保持着自然风貌，风格各异的风土人情，古朴的村庄作坊，原始的劳作形态，真实的民风民俗，土生的农副产品使乡村旅游活动对象具有独特性的特点。这种在特定地域所形成的"古、始、真、土"，具有城镇无可比拟的贴近自然的优势，为旅游者回归自然、返璞归真提供了优越条件。

### 2. 生产性

文化本身不仅是一种象征符号或人类创造之精神和物质成果，而且是一种推动进步的力量，甚至可以说是一种生产力。乡村文化旅游资源的开发，既可拓宽旅游资源的广度，增加旅游活动的多样性，满足旅游者不同层次的旅游需求；又可以改变农村的生产方式，增加农产品的商品量和农业的附加值，提高农村的经济效益。此外，还可以带动农产品加工、手工艺品加工等加工工业的发展，促进农村多元化产业结构的形成，为农村经济的发展注入新的活力。

### 3. 文化性

乡村旅游对旅游者能产生巨大的吸引力，是因为乡村具备特殊的、有益于城市的环境、文化和精神等层面的元素。例如乡村田园风光、乡村聚落、乡村建筑、乡村农耕文化、乡村民俗文化、乡村制度文化和乡村精神文化等。乡村节庆、农作方式、生活习惯和趣闻传说等乡村历史的沉淀，有着浓厚的文化底蕴。将这些文化内涵挖掘出来，并突出其在乡村旅游产品中的地位，乡村旅游才不至于局限于旅游资源的表面现象，而更注重于观念和感情的沟通与体验，更注重于表象下文化底蕴的体验，获得对传统文化的深刻了解，领略到精深神秘、奥妙无穷的民间文化的独特魅力。

乡村旅游最具有吸引力的是农耕文化和民俗文化。农耕文化不仅包括各地分异的农业形态，还有与之相匹配的对自然环境或某种树木、花草、动物、山体和江河等的神秘崇拜及各种宗教传统仪式等。中国几千年的自然文化遗存，从村落建筑到农田果园，从生产方式到生活习俗，从传统意识到行为准则，共同构成了具有浓郁地方色彩的旅游资源。这种资源本身的文化底蕴较深，转化为旅游产品必然具有其突出的、鲜明的文化特性。民俗是民间文化中带有集体性、传承性和模式性的现象，形成于过去，影响到现实生活，其丰富性和鲜活性是乡村旅游产品推陈出新的源泉，大众性和传统性是乡村旅游产品市场竞争的动力。

### 4. 体验性

乡村旅游是现代旅游业向农业和农村延伸的成功尝试，乡村旅游将旅游业项目由陈列观赏式提升到参与体验式的层面，既使旅游者能够充分欣赏到优美的田园风光，又为其提供了众多实践与参与的机会，旅游者可以在热汗淋漓的农耕忙碌中体会劳作所带来的全新快乐生活体验，最后还能如愿购得自己的劳动成果，有助于增进游客对农村生活和农业生产的认识。

◆【知识链接】

## 促进乡村旅游发展提质升级行动方案（2017年）

2017年7月11日，中华人民共和国国家发展和改革委员会等14部门联合印发《促进乡村旅游发展提质升级行动方案（2017年）》（以下简称《行动方案》）。

《行动方案》指出，要以供给侧结构性改革为主线，持续深化"放管服"改革，坚持区域化引导、多元化推动、特色化建设、规范化管理，2017年集中采取一批有力有效的政策措施，加大扶持力度，创新发展机制，改善基础设施条件，提高公共服务水平，健全市场监管环境，强化乡村生态环境和乡村风貌保护，全面提升乡村旅游发展质量和服务水平，推动乡村旅游成为促进农村经济发展、农业结构调整、农民增收致富的重要力量，成为建设美丽乡村的重要载体。《行动方案》具体从3方面提出13条针对性、操作性强的政策措施。

一是在改善乡村旅游基础设施和配套服务方面，《行动方案》强调要鼓励和引导民间投资通过PPP、公建民营等方式参与厕所及污水处理、停车场、游客咨询服务中心等乡村基础设施建设和运营；对自身欠缺营利性的建设项目，可采用周边餐饮住宿项目等优质资源捆绑方式吸引民间投资；探索通过购买服务等方式由第三方提供垃圾处理、环境整治等公共服务；推动民间投资新建自驾车旅居车营地100个左右，着力打造一批乡村旅游精品自驾路线，完善配套指示标识、应急救援等设施和服务。

二是在优化乡村旅游扶持政策和长效机制方面，《行动方案》提出要促进"旅游+农业+互联网"融合发展，推动1000个乡村旅游重点村与旅游电商、现代物流等企业建立合作关系；推动东部地区与中西部和东北适宜发展乡村旅游的地区结对定点帮扶；鼓励各地采用政府购买服务等方式，组织本地从业人员就近就地参加乡村旅游食宿服务、管理运营、市场营销等技能培训，重点培养1000名以上乡村旅游带头人；鼓励依托重要文化和自然遗产地等公共资源建设的景区，在符合景区承载力前提下，在淡季探索实行免费开放日（周），带动周边乡村发展民宿、餐饮、购物等业态；推动普惠金融发展，加大对乡村旅游经营主体特别是中小企业和个体经营户的金融支持力度；对乡村旅游经营主体建立信用记录，纳入全国信用信息共享平台。

三是在推动乡村旅游区域差异化发展方面，《行动方案》提出在东部地区重点鼓励和引导中小资本参与乡村旅游开发，宣传推广一批乡村旅游品牌；在中西部地区选取条件适宜的乡村规划发展乡村旅游，着力改善基础设施和配套服务设施，结合危房改造、易地扶贫搬迁、新农村建设等工作，调动多方资源增强乡村旅游脱贫富民功能；在东北地区利用气候环境优势，打造一批融滑雪、登山、徒步、露营等为一体的冰雪旅游度假区，统筹周边乡村旅游推出冬季复合型冰雪旅游基地和夏季避暑休闲度假胜地，强化"景区带村"辐射作用。

（资料来源：中华人民共和国国家发展和改革委员会网站）

### 【技能训练】

内容：以小组形式，搜集某一乡村旅游点的基本信息，以图片和文字的形式介绍一下该乡村旅游点。

步骤：① 5人为一小组。

② 分工收集和整理材料，包括文字和图片。

③ 制作PPT并汇报。

## 任务二　乡村旅游的起源和发展

### （一）国外乡村旅游的起源和发展

#### 1. 国外乡村旅游的起源

乡村旅游在欧洲有着悠久的历史，有学者认为，它发源于法国，1855年由一位名叫欧贝尔的法国参议员带领一群贵族去巴黎郊外的乡村度假。他们品尝野味，乘坐独木舟，欣赏游鱼飞鸟，参与各种劳作活动如学习制作肥鹅肝酱馅饼、伐木种树、清理灌木丛、挖池塘淤泥，并与当地农民同吃同住。通过这些活动，他们重新认识了大自然的价值，加强了城乡居民之间的交往和认识，增进了彼此的友谊。此后在这些贵族的带动下，乡村旅游在欧洲兴起并逐渐兴盛。另有学者认为，乡村旅游最早可追溯到19世纪中叶。1865年意大利"农业与旅游全国协会"的成立，标志着此类旅游活动的诞生。总的来说，目前学者都比较认同乡村旅游起源于19世纪的欧洲，首先流行于贵族。西班牙学者Rosa Marga Yanggue Perales（2001）将乡村旅游分为传统乡村旅游（Homecoming or Traditional Rural Tourism）和现代乡村旅游（Modern Rural Tourism）两种。传统的乡村旅游出现在工业革命以后，主要源于一些来自农村的城市居民以"回老家"度假的形式出现。虽然传统的乡村旅游对当地会产生一些有价值的经济影响，并增加了城乡交流机会，但它与现代乡村旅游有很大的区别，主要体现在：传统乡村旅游活动主要在假日进行；没有有效地促进当地经济的发展；没有给当地增加就业机会和改善当地的金融环境。实际上，传统的乡村旅游在世界许多发达国家和发展中国家目前都广泛存在，而中国常常把这种传统的乡村旅游归类于探亲旅游。

随着后工业社会中主导现代旅游业的自然、休闲、文化变迁趋势的出现，欧洲的旅游业发生了结构性的变化，旅游的目的已经从初始阶段的人文自然景观型旅游，经由以人造主题公园为主要对象的观光旅游，迈入了第三个阶段——参与型旅游。参与型旅游是在前两种传统的以静态和被动观赏为基本特征的旅游模式的基础上，融休闲娱乐、文化教育、健体康身于一体的新型休闲旅游形式。作为参与型旅游重要形式之一的乡村旅游业随之蓬勃发展，并与传统乡村旅游有很大的区别：

（1）一股"自然癖好"回归大自然价值的潮流

在高度工业化国家以极强的力量涌现，其关键在于保护自然环境。科学和工业帮助人类战胜自然，人在征服自然、改造自然的斗争中不断创造奇迹，取得了一个又一个胜利，但同时人类中心主义日益膨胀，一切以人为中心，以人的利益为唯一尺度，一切为自己服务，给人类带来了严重的全球性环境污染和生态破坏。

（2）休闲潮流的兴起

正如马克思所说，休闲作为不被直接生产劳动所吸收的时间，包括了个人受教育的时间、发展智力的时间、履行社会职能的时间、进行社交活动的时间、自由运用体力和智力的时间。因此休闲是人的一种存在状态、一种生命状态、一种精神状态，是人"成为人"的过程。到了20世纪70年代，休闲已广为人们接受，人们不再把工作当作是必需的核心价值，而是在生理必需活动之上和之外追求身体健康、身心协调，人与自然、人与社会、人与自身精神和社会文化和谐统一及其升华的境界。

（3）旅游的新习惯离不开文化变迁

大众消费阶段以休闲/旅游产品的同质性为特征，而绝大多数欧洲北部国家人民居住在城镇及城市已有至少6代人，他们渴望开放、绿色环境中的室外游憩活动。乡村不仅以天人合一的优美环境，健康质朴、清新的生活吸引着城市来的旅游者，而且乡村作为人类最初的聚居地荷载着集镇、城市人群的生长基因，每个城市居民都与乡村存在着千丝万缕的地域联系，由此乡村对旅游者产生了巨大的回归吸引。旅游者喜爱乡村旅游更深层的原因在于：整个世界在对现代性，特别是在其中起核心作用的科学理性的负面影响进行清算的时候，失去了"现代性"探索的明确目标，人们便留恋于对传统的回顾。

**2. 国外乡村旅游的发展**

乡村旅游于20世纪60年代开始广泛流行，已经经历了一个多世纪的发展。在欧洲，起源于英格兰乡间农场小屋中的接待旅游者活动逐渐向整个欧洲扩散。最开始它在山间扎根，特别是在欧洲阿尔卑斯山区，这源于对登山旅行和牛车旅游的日益高涨的兴趣。到1960年，提供住宿是一部分农户增加一小部分补充收入的基本形式。西班牙的Canoves等学者认为，对于欧洲，从乡村旅游服务接待和活动情况来看，可以将乡村旅游的发展分为三个阶段：

（1）起步阶段

早期的乡村旅游几乎毫无例外地都是依靠于住宿接待：出租房产所有者已家中的房屋、独立的住宿设施，或者乡间的露营地。尽管它们可能被标上了不同的标志，如有的是 B & B（Bed+Breakfast，即床位加早餐，由一个家庭空出几间房屋作为客房出租经营）。这些活动的目的是补充农业收入，它并没有给主要的农业活动造成威胁，因此可以归纳为"绿色旅游"。

（2）发展阶段

多样化是第二个阶段的关键词。此时，为了抓住需求更多样、要求更高的旅游者并鼓励回头客，乡村旅游已经从简单的接待转到提供更专业化的产品。许多乡村旅游经营者提供与自然相关的活动及乡土活动，如骑马、垂钓、竹筏漂流、采摘水果等，另外一些更高级的当地产品如美食、乡土特产的销售都有了明确的商业目标。当然，经营者也兼顾了旅游者们希望与农户家庭接触的要求。各种不同的活动形式在欧洲不可胜数，每个国家或地区会强调一种或多种特色。在这个阶段，经营者普遍放弃了农业活动，因为农业盈利少，并且同时开展两项业务也比较困难。

（3）成熟阶段

专业化是第三个阶段的主要特征，这一趋势在英国和荷兰已经比较成熟了，但在法国和意大利刚刚萌芽。在这个阶段中，经营者明确提出"职业化"的发展要求，因为职业化正是旅游者眼中品质的象征。

Canoves等学者（2004）还指出，不同国家甚至同一国家的不同地区有可能处在不同的发展阶段，一个乡村目的地的受欢迎程度与当地乡村旅游发展阶段直接相关，旅游者越多，经营时间越长——集约经营的乡村旅游目的地发展程度往往越高。

目前乡村旅游在德国、奥地利、英国、法国、西班牙、美国、日本等发达国家已具有相当的规模，走上了规范化发展的轨道。乡村旅游对推动经济不景气的农村地区的发展起到非常重要的作用。乡村旅游对当地经济的贡献和意义得到了充分证明。在许多国家，乡村旅游被认为是一种阻止农业衰退和增加农村收入的有效手段。乡村旅游的开发在世界各地发展非常迅速，在美国就有30个州有明确针对农村区域的旅游政策，其中14个州在它们的旅游总体发展规划中包含了乡村旅游。在以色列，乡村旅游开发被作为应对农村收入下降的一种有效补充，乡村旅游企业数量逐年增多。包括加拿大、澳大利亚、新西兰、东欧和太平洋地区在内的许多国家，都认为乡村旅游业是农村地区经济发展和经济多样化的动力。

### （二）国内乡村旅游的起源和发展

我国乡村旅游的起源略有异于其他国家。国内乡村旅游的起源我们应该以20世纪80年代中期的浙江省杭州市富阳县与四川省成都市农家乐旅游为标志。

尤其是1986年浙江省富阳县率先在新沙岛、和尚庄、赤松村等地开发了"农家乐"旅游，吸引了几十个国外旅游团体和上万国内旅游者。1987年5月时任国务委员、国务院旅游协调小组长的谷牧同志专程前往富阳考察并题词："农家乐，旅游者也乐。"

20世纪90年代末，随着国家通过扩大内需、增加法定节假日等促进国内消费政策的实施，以及城市居民收入的进一步提高，休闲度假旅游逐步兴起，乡村旅游出现了以休闲度假为主要目的的旅游方式，也促使了"农家旅馆"的产生与发展，我国乡村旅游形成了以农业观光旅游为主，浅层次参与性专项旅游为辅，度假旅游为方向的乡村旅游产品结构新格局。

从1992年开始，国家旅游局有计划地组织策划了多届主题旅游年活动，其中"95中国民俗风情游""98华夏城乡游""2004中国百姓生活游"等很多主题旅游线路体现了中国乡村旅游的魅力。2002年，世界旅游组织秘书长弗朗加利来中国考察，他提出，乡村旅游一定要老百姓参加进去，要当地的农民参加进去，让农民在旅游发展中富起来，只有这样才能更好地激发农民保护自己的文化的积极性，乡村旅游才有好的发展。2004年1月8日，国务院副总理吴仪在郑州召开的全国旅游工作会议上强调：旅游业发展要有新的思路，要围绕"五个统筹"抓发展，把发展旅游业与促进就业结合起来，创造更多就业机会；与解决"三农"问题结合起来，积极开发农村旅游资源，大力推进农业旅游。2004年10月，贵阳承办了联合国世界旅游组织的"乡村旅游与扶贫论坛"，此次论坛召集了一大批国内外专家和代表交流经验、提出饶有价值的观点，并为乡村旅游提供技术层面上的指导，其主要目标在于讨论乡村旅游如何推动农村地区的可持续发展，分析政府政策与战略如何在乡村旅游中发挥作用，从而寻求加速农村地区可持续发展的有效途径。本次活动的重要目标是为政府和相关私人机构制定战略及实践工具，促进乡村旅游的可持续发展，并且界定地方政府、旅游业收入主管部门以及管理外资部门等相关政府机构在乡村旅游中应当扮演何种角色等。

我国把乡村旅游作为一个产业来打造，是国家旅游局在2005年1月公布了全国306处工农业旅游示范点（其中有203个是农业旅游示范点）以后开始的，在2005年末，又增选了233个工农业旅游示范点（其中农业156个）。在我国，虽然乡村旅游从开发模式、经营理念和管理水平等方面都还处于初级阶段，但国家旅游局把2006年的旅游主题定为"2006中国乡村游"，正好与国家重视"三农"的连续几个"一号文件"相呼应，有利于乡村旅游更好地发展，体现出"新农村、新旅游、新体验、新风尚"的乡村旅游特色。2006年9月5日，"乡村旅游国际论坛"再次在贵州召开，来自联合国世界旅游组织、世界银行，美、德、法等国家和我国香港、澳门等地区，以及国家旅游局、清华大学等国内外乡村旅游专家、代表参加了会议，会议指出，世界旅游组织将倾力帮助国际社会实现《联合国千年发展目标》，尤其是要尽力消除极端贫困的地区。

时至今日，乡村旅游已经发展成为我国非常重要的旅游方式之一，是使旅游业得以迅猛发展的中流砥柱。其中，发展势头最好、最多的乡村旅游开发地有两种，分别是景区边缘地区、都市近郊区，而河南省南阳市卧龙区、四川省的龙泉山、贵州省天龙屯堡、江西省的婺源等一大批乡村旅游地也开始小负盛名。总体而言，我国的乡村旅游出现较迟、起步稍晚，目前的发展阶段还在初期，但发展的势头迅猛，且发展的前景广阔。政府越来越重视乡村旅游，出台了大量的优惠政策。

◆【案例分析】

### 工匠之乡——日本水上町

走观光型农业之路的日本乡村水上町的"工匠之乡"包括"人偶之家""面具之家""竹编之家""陶艺之家"等近30余家传统手工艺作坊，其旅游概念的提出吸引了日本各地成千上万的手工艺者举家搬迁过来。1998～2005年，每年来"工匠之乡"参观游览、参与体验的游客达45万人，24间"工匠之家"的总销售额达3.116亿日元（约合271万美元）。

核心旅游项目：胡桃雕刻彩绘、草编、木织（用树皮织布等）、陶艺等传统手工艺作坊，形式多样，异彩纷呈。水上町群山围绕，当地人以务农为生，种稻、养蚕和栽培苹果树、香菇等经济作物，把区域整体定位成公园，探索农业和观光业相互促进、振兴地方经济之路。目前水上町已经建成了农村环境改善中心、农林渔业体验实习馆、农产品加工所、畜产业综合设施、两个村营温泉中心、一个讲述民间传说和展示传统戏剧的演出设施。

主要的旅游产品有：田园风光观光游、乡村生活体验游、温泉养生度假游、传统工艺体验游。业态设置包括特色餐馆、传统手工艺体验活动、水果采摘及品尝体验活动、温泉中心等。

（资料来源：凤凰网江苏频道）

评析：水上町的"一村一品"特色旅游产业发展模式，极大地提高了农民的生产生活水平，促进了地方经济的活跃和产业化发展，它们承载着当地人振兴家乡的"农村公园"构想，为建设现代化新农村、发展地方经济做出了贡献，经验值得思考和借鉴。游客不仅可以现场观摩手工艺品的制作过程，还可以在坊主的指导下亲自动手体验。"工匠之乡"以传统特色手工艺为卖点，进行产业化发展和整体营销，提供产品生产的现场教学和制作体验，大力发展特色体验旅游，获得了极大的成功，带动了区域经济发展，为地方经济增添了活力。农业与观光相结合的模式促进了地方经济的活跃，使居民们获得了实惠。同时居民观念大转变，当地土生土长的匠人不仅感受到了家乡面貌的变迁，还感慨于人们观念和意识的转变。

◆【技能训练】

内容：以小组为单位，介绍国内外著名的乡村旅游案例，总结经验。
步骤：
① 5人为一个小组，以组为单位进行讨论，并汇总讨论结果；
② 每组选出一名代表发言，交流分享学习成果；
③ 教师点评。

## 任务三　乡村旅游开发的类型和典型模式

### （一）乡村旅游的类型

随着乡村旅游发展的不断成熟，乡村旅游发展的类型也越来越多元化，目前我国乡村旅游发展的类型主要有以下几种。

**1. 乡村度假休闲型**

乡村度假休闲型是指地处城镇周边的乡村，利用离城近、交通便利的条件，以乡村生态景观、乡村文化和农民的生产生活为基础，以家庭为具体接待单位，开展旅游活动的发展模式。这种发展模式的特点是：投资少，风险小，经营活，见效快。发展这种模式必须注意：一是要做好规划，防止产品简单重复；二是要挖掘文化内涵，提升产品的品位；三是要推行行业质量标准，规范服务；四是要加强对农民的培训，提升从业人员的素质。

这种发展模式的典型案例有：四川省成都市锦江区三圣花乡、云南省昆明市西山区团结镇。

**2. 依托景区发展型**

依托景区发展型是指把附近旅游景区的部分服务功能分离出来，吸引周边农民参与旅游接待和服务，农民还可以为旅游者提供旅游商品和农副产品，从而促进农民增收致富和周边农村发展的模式。这种发展模式必须具备的条件：一是必须临近重点景区；二是游客量较大；三是周围农民具备旅游意识和服务意识。发展这种模式应注意：要加强配套基础设施建设，形成一定的服务功能；培养农民的旅游意识和服务意识，加强对从业农民的组织和引导。

这种发展模式的典型案例有：湖北省秭归县周坪乡、北京市房山区十渡镇。

**3. 原生态文化村寨型**

原生态文化村寨型是指利用当地原生态的村寨文化资源，包括当地居住环境建筑、歌舞等的独特性，以保护为主，因势利导开发旅游，促进乡村发展的模式。这种发展类型必须是当地村寨原汁原味的，具有独特的文化内涵。这种发展模式要注意：一是要做好整个村寨旅游发展规划；二是要引入市场开发机制，促进旅游开发；三是要处理好保护与开发的关系，着重强调对当地原生态环境的保护。

这种发展模式的典型案例有：贵州省凯里市三棵树镇南花村、广东省肇庆市封开县杨池村。

### 4. 民族风情依托型

民族风情依托型是指少数民族农村地区，以独特的民族风情为基础，大力改善基础设施和旅游接待设施，引导少数民族农民参与旅游开发，促进乡村旅游发展的模式。这种发展模式必须是少数民族人口具备一定规模；民族风情具有独特性和吸引力。

这种发展模式应注意：一是要切实挖掘当地少数民族的风情，提升文化品位和旅游吸引力；二是要引导当地少数民族农民参与旅游接待活动；三是要改善当地村容村貌和基础设施条件。

这种发展模式的典型案例有：黑龙江省齐齐哈尔市梅里斯达斡尔族区哈拉新村、青海省互助县土族民俗旅游村——小庄村。

### 5. 旅游城镇建设型

旅游城镇建设型是指在旅游资源丰富的乡镇，把旅游开发与城镇建设有机地结合起来，建设旅游小城镇，带动乡村旅游发展的模式。发展这种模式应该具备的条件包括：一是居住条件、基础设施具有一定的基础；二是具有独特的旅游资源，旅游吸引力大。发展这种模式应注意：一是要对小城镇进行科学规划，确保规划实施不走样；二是要立足于可持续发展，正确处理资源保护与旅游开发之间的关系；三是要多渠道增加收入，完善小城镇基础设施建设；四是要从当地实际出发，充分发挥农民参与小城镇建设的积极性，让农民得到实实在在的好处。

这种发展模式的典型案例有：云南省腾冲市和顺镇、江西省婺源县江湾镇。

### 6. 特色产业带动型

特色产业带动型是指在村镇的范围内，依托所在地区独特的优势，围绕一个特色产品或产业链，实行专业化生产经营，以一村一业的发展壮大来带动乡村旅游发展的模式。这种模式需要三个基本条件：一是要具有生产某种特色产品的历史传统和自然条件；二是要有相应的产业带动，市场需求旺；三是需要一定的"组织形式"通过产业集群形成规模。这种发展模式必须注意：要定位准确，大而全就是没特色；政府不能越位、缺位和错位，要树立服务意识，避免过分干预市场；重视示范带头作用，分步实施；大力加强农业和旅游产业一体化组织程度；重视市场推广和自主创新，以特色促品牌。

这种发展模式的典型案例有：山西省阳城县皇城村、北京市大兴区庞各庄镇。

### 7. 现代农村展示型

现代农村展示型是指在部分经济发达的农村地区，因势利导，接待旅游者参观展示新农村形象的发展模式。这种模式必须是在经济发达、交通便利、知名度较高的农村。发展这种模式必须注意：一是要处理好发展旅游与发展其他产业的关系；二是要积极引导农民参与旅游接待活动。

这种发展模式的典型案例有：江苏省江阴市华西村、黑龙江省甘南县兴十四村等。

### 8. 农业观光开发型

农业观光开发型是指利用农业生产过程中的知识性、趣味性、可参与性，开发规划出观光、休闲、度假等旅游产品，满足旅游者需求，促进乡村旅游发展的模式。这种发展模式必须具备的条件：一是临近城镇、客源市场潜力大；二是交通便利，可进入性较好；三是农业生产知识性、娱乐性、参与性强。发展这种模式必须注意：一是要有良好的项目创意和规划；二是要认真对客源市场进行调研，分析客源市场的需求；三是要制订可行性研究报告；四是要加大对于项目的宣传促销力度。

这种发展模式的典型案例有：河北省秦皇岛市北戴河集发生态农业观光园、上海市奉贤区申隆生态园、辽宁省葫芦岛市宏业现代农业园区。

### 9. 生态环境示范型

生态环境示范型是指具备良好的生态环境的农村，以生态环境作为旅游吸引力，开发观光、休闲、度假旅游产品，促进乡村旅游的发展模式。这种发展模式，要具备便利的交通和良好的基础设施条件。这种发展模式应加强对生态环境的保护，防止旅游开发引起环境的破坏和退化；要培育旅游开发经营者和旅游者的环境保护意识。

这种发展模式的典型案例有：江苏省泰州市蒋港村、北京市密云区石塘路村。

### 10. 红色旅游结合型

红色旅游结合型是指在具备"红色旅游"资源的乡村，结合"红色旅游"的发展，组织接待旅游者开展参观游览活动，带动乡村旅游发展的模式。这种发展模式必须是在知名度较高的、革命遗迹和遗存较为丰富、旅游接待具备一定规模的乡村开展的。这种发展模式要注意：突出"红色"主线，体现"红色"特征；发挥"红色旅游"的革命传统教育功能；要因地制宜、量力而行、循序渐进。

这种发展模式的典型案例有：河北省平山县西柏坡村、四川省广安市广安区牌坊村。

## （二）乡村旅游开发的典型模式

在当前的乡村旅游发展过程中，参与乡村旅游发展的主体主要有当地政府、旅游企业、村委会及当地农户等，根据他们参与乡村旅游发展的程度和作用，可以归纳总结为不同的开发模式。目前，国内乡村旅游发展比较成功的经营管理模式主要有以下几种。

### 1. "农户+农户"开发模式

这是乡村旅游初期阶段的经营模式。在远离市场的乡村，农民对企业介入乡村旅游开发普遍有一定的顾虑，甚至还有抵触情绪，多数农户不愿意把有限的资金或土地交给公司来经营，他们更相信那些"示范户"。在这些山村里，通常是"开拓户"首先开发乡村旅游获得了成功，在他们的示范带动下，农户们纷纷加入旅游接待的行列，并从中学习经验和技术，在短暂的磨合下，形成"农户+农户"的乡村旅游开发模式。

这种模式通常投入较少，接待量有限，但乡村文化保留得最真实，旅游者花费少还能体验到最真的本地习俗和文化。但受管理水平低和资金投入少的影响，通常旅游的带动效应有限。在当前乡村旅游竞争加剧的情况下，这种模式具有短平快的优势。他们善于学习别人的经验，汲取别人的教训，但因其势单力薄，规模有限，往往注重揣摩、迎合旅游者的心理，极具个性化服务。

### 2. "公司+农户"开发模式

这一模式通过吸纳当地农民参与乡村旅游的经营与管理，在开发浓厚的乡村旅游资源时，充分利用农户闲置的资产、富余的劳动力、丰富的农事活动，丰富旅游活动。同时，通过引进旅游公司的管理，对农户的接待服务进行规范，避免因不良竞争而损害旅游者的利益。

这一模式中有一些需要注意的问题：首先，公司或投资商与农户的合作是建立在一定的经济基础上的，受投资商实力的影响较大；其次，农户的知识层次、素质、服务意识等还有待于进一步提高；最后，在内部经营管理中，如何进行旅游者的分流与分配，是这一模式能否顺利实施的关键之一。

### 3. "公司+社区+农户"开发模式

这一模式应是"公司+农户"模式的延伸。社区（如村委会）搭起桥梁，公司先与当地社区进行合作，再通过社区组织农户参与乡村旅游。公司一般不与农户直接合作，所接触的是社区，但农户接待服务、参与旅游开发则要经过公司的专业培训，并制订相关的规定，以规范农户的行为，保证接待服务水平，保障公司、农户和旅游者的利益。此模式通过社区链接，便于公司与农户协调、沟通，利于克服公司与农户因利益分配产生的矛盾。同时，社区还可对公司起到一定的监督作用，保证乡村旅游正规、有序发展。

### 4. 公司制开发模式

这一模式的特点是发展进入快、起点层次高、开发有规模，如果思路对头、经营科学，容易使乡村旅游开发迅速走上有序化发展的道路。

公司制模式比较适合乡村旅游初期阶段，随着农民的关注与参与，这种利益主体是公司的模式，将难以适应未来乡村旅游发展的趋势。农民作为乡村旅游参与主体，其积极性是不容忽视的，而采用公司制模式，农民很难从旅游收入中获得应有的利益，仅是靠提升农产品附加值获得收益。

乡村旅游生财之源是公共资源，应是农民共同的公共资源，但在使用这种公共资源中受益最大的却是旅游公司，当地农民很难得到相应利益，并且还要承担旅游开发所带来的各种负面影响。这种资源与利益的严重失衡，极易引起农民的不满。

### 5. 股份制开发模式

这一模式主要是通过采取合作的形式合理开发旅游资源，按照各自的股份获得相应的收益。旅游资源的产权，可以界定为国家产权、乡村集体产权、村民小组产权和农户个人产权四种产权主体，在开发上可采取国家、集体和农户个体合作的方式进行，这样把旅游资源、特殊技术、劳动量转化成股本，收效一般按股份分红与按劳分红相结合分配。对于乡村旅游生态环境保护与恢复、旅游设施的建设与维护以及乡村旅游扩大再生产等公益机制的运行，企业可通过公益金的形式投入完成。

这种模式有利于乡村旅游上规模、上档次。特别是股份制开发模式，扩大了乡村集体和农民的经营份额，有利于实现农民参与的深层次转变，从而引导居民自觉参与到他们赖以生存的生态资源的保护中去。

### 6. "政府＋公司＋农村旅游协会＋旅行社" 开发模式

这一模式的特点是充分发挥旅游产业链中各环节的优势，通过合理分享利益，避免了过度商业化，保护了本土文化，增强了当地居民的自豪感，从而为旅游事业持续发展奠定基础。此模式各级职责分明，有利于激发各自的潜能，形成"一盘棋"思想。具体来讲，政府负责乡村旅游的规划和基础设施建设，优化发展环境；乡村旅游公司负责经营管理和商业运作；农民旅游协会负责组织村民参与地方戏的表演、导游、工艺品的制作、提供住宿餐饮等，并负责维护和修缮各自的传统民俗，协调公司与农民的利益；旅行社负责开拓市场，组织客源。

### 7. "政府＋公司＋农户" 开发模式

从目前一些地区乡村旅游发展的现状来看，这一模式的实质是政府引导下的"企业＋农户"：就是在乡村旅游开发中，由县、乡各级政府和旅游主管部门按市场需求和全县旅游总体规划，确定开发地点、内容和时间，发动当地村民动手实施开发，开发过程中政府和旅游部门进行必要的指导和引导。由当地村民或村民与外来投资者一起承建乡村旅游开发有限责任公司，旅游经营管理按企业运作，利润由村民（乡村旅游资源所有者）和外来投资者按一定比例分成，除此以外，村民们还可以通过为旅游者提供住宿、餐饮等服务而获取收益。这一模式一是减少了政府对旅游开发的投入，二是使当地居民真正得到了实惠，三是减少了旅游管理部门的管理难度，因而是一种切实可行的乡村旅游经营模式。

### 8. 个体农庄开发模式

个体农庄模式是以规模农业个体户发展起来的，以"旅游个体户"的形式出现，通过对自己经营的农牧果场进行改造和旅游项目建设，使之成为一个完整意义的旅游景区，能完成旅游接待和服务工作。这一模式通过个体农庄的发展，吸纳附近闲散劳动力，将手工艺、表演、服务、生产等形式加入服务业中，形成以点带面的发展模式。

## ◆【案例分析】

### 袁家村：穷山村成为休闲金招牌

陕西省咸阳市礼泉县袁家村原有村民286人，如今有创业者1000多名，日均收入100多万元，跻身"中国十大最美乡村"，完成了"农村——景点——体验地——核心品牌"的蜕变。礼泉县烟霞镇袁家村地处关中平原，全村共有62户286人，土地面积660亩。这里缺山少水，自然和人文条件均不突出，也不是政府重点扶持的"典型村"。但这个村的村干部们带领村民们想办法、出点子，齐心协力硬是以独具特色的关中"农家乐"特色旅游打开了一片发展的新天地。

袁家村持续发展的精髓是不断创新产业形态。在村干部的带动下，袁家村先是建起农民个体经营的"农家乐"，后来又建了特色小吃街，引来特色餐饮、旅游商品等资源，提升了乡村旅游层次。随后又打造"月光下的袁家村"，发展酒店住宿、酒吧等夜间经济，还通过成立股份公司、群众入股的方式，实现"全民参与、共同富裕"。良好的前景让外出打工的袁家村人纷纷回村。2007年很多村民收入是打工时的10倍。2017年，袁家村共接待游客500多万人次，旅游总收入3.8亿元，村民人均纯收入8.3万元，集体经济累计达20多亿元。据统计，仅2017年，就有多达29个省、市（自治区）的各级领导和部门共计千余批次到访。近几年，袁家村乡村旅游从量变向质变过渡，度假游——主题游——深度游不断推进。

（资料来源：经济日报）

评析：建立共享的经济发展模式是袁家村的制胜法宝。发展乡村旅游奔小康的袁家村村民，没有忘记周边乡亲的发展大计，他们联合了周边近千户群众，共同经营袁家村"店铺"，让他们也可以参与到社区服务中，共享旅游发展的红利。也因此，袁家村的名气越来越大，靠着独特的发展思路，全面实施"一点促全域，一村带十村"战略，成为乡村旅游中的楷模。

## ◆【技能训练】

内容：以小组为单位，介绍国外某个著名的乡村旅游案例，分析其成功的开发模式。

步骤：

① 5人为一个小组，以组为单位进行讨论，并汇总讨论结果；
② 每组选出一名代表发言，交流分享学习成果；
③ 教师点评。

## 任务四  乡村旅游的转型与升级

### （一）乡村旅游转型升级的必要性分析

#### 1. 旅游市场需求发生改变

随着国内经济的发展和人们生活水平的提高，旅游者的旅游经验和旅游经历都在逐步地丰富和提高，所以在出游的选择上也就发生了一些变化。从近些年国内的旅游情况来看，整体呈现出三大变化：一是旅游者群体的转变，旅游者群体构成主要是以80后90后为主；二是出行方式的转变，从以前的跟团游逐渐转变为自助游和自驾游；三是出行目的的转变，旅游者从过去的以观光为主，逐渐过渡到以休闲体验为主。这三大转变，整体形成了年轻化、散客化和休闲化的市场特征。这些新的特征对乡村旅游的发展也提出了新的要求，需要乡村旅游产品能够适应这种旅游市场的新变化和需求的改变。随着这三大旅游市场特征发生转变，旅游市场整体呈现出越来越依托周边客群的新态势。周边游成为旅游经济新的增长点，而乡村旅游在周边游中占据主要位置。同时，周边游的延伸范围也在逐渐变大。随着高铁和高速公路等交通基础设施的迅猛发展，旅游者可承受的周边游半径越来越大，这就给乡村旅游带来了更大的发展机会和发展价值，乡村旅游也将以更加多元的姿态，迎接必将到来的产业化时代。

#### 2. 实现旅游精准扶贫的主要手段

2014年8月，国务院发布《国务院关于促进旅游业改革发展的若干意见》（国发〔2014〕31号）中指出"加强乡村旅游精准扶贫，扎实推进乡村旅游富民工程，带动贫困地区脱贫致富"。2014年11月，国家发展和改革委员会、国家旅游局等七部门共同启动乡村旅游富民工程。2016年8月，国家旅游局联合国家发展改革委等多部门下发《关于印发乡村旅游扶贫工程行动方案的通知》（旅发〔2016〕121号）明确提出，"十三五"期间，"力争通过发展乡村旅游带动全国25个省（区、市）2.26万个建档立卡贫困村、230万贫困户、747万贫困人口实现脱贫"，"通过实施乡村旅游扶贫工程，使全国1万个乡村旅游扶贫重点村年旅游经营收入达到100万元，贫困人口年人均旅游收入达到1万元以上"。可见，旅游业作为方兴未艾的综合性产业，涉及行业广泛，有较强的带动力，尤其是在全域旅游的背景下，可以充分发挥"旅游+乡村""旅游+农业"的优势，带动和实现乡村的产业发展和农民的脱贫致富。这既符合大的社会背景和发展趋势，同时又可以在城乡一体化的格局下，顺应农村产权制度改革的需要，促进农村集体用地发挥更大价值。

#### 3. 城市建设倒逼乡村旅游的发展

当旅游消费进入新的快速发展阶段时，旅游空间往往以城市为依托。然而，长期以来，我国的城市建设是围绕着工业化城市的生产与居住进行的，考虑的是定居者的需求，并不考虑旅游者的需要。我们考虑的是生产与工作的需要，不考虑生活与休闲的需要，使得城市在旅游方面的建设存在着缺陷。再如，城市进程中出现雾霾、房价过高、交通拥堵等负面影响因素，逃离大城市到乡村、小城镇度假，短期居留、长期居住、养老已经成为当前新的潮流。这为乡村旅游发展由单纯的"农家乐"转向全域化的乡村旅游起到助推的作用。

### （二）乡村旅游转型升级的路径分析

#### 1. 加强支持与监管，促进乡村旅游良性发展

由于乡村旅游的目的地资源分散，社区自我发展能力较弱，内部结构和利益关系复杂，因此需要政府主导，整合资源，统筹安排。首先，政府需要制订统一的乡村旅游规划，和其他规划进行协调和衔接，并监督规划的落实情况。其次，要对乡村旅游加强政策扶持力度，建立乡村旅游发展专项基金，为农户提供信贷支持和担保支持，盘活乡村土地、宅基地、技术等资源，还要在土地、税收、环保、科技、营销等多个方面提供全方位的支持和服务。再次，政府要改善当地交通、环境、能源等硬件设施，为目的地创造良好的发展空间，同时在媒体上加大对乡村旅游的宣传力度，激发供给和消费热情，创造良好的舆论氛围。最重要的是，政府需要在乡村旅游发展过程中进行协调和监管，其中一个重要的任务就是协调各利益相关者的关系，尤其是利益分配环节，需要建立具有代表性的利益协商组织和机制，公平合理地在利益相关者之间对乡村旅游发展利益尤其是经济利益进行分配，减少彼此间的冲突，尤其是要注重当地普通居民的利益。政府还要对市场进行监管，制定和完善相关的法规政策，避免企业间恶性竞争以及经营过程中欺诈旅游者的行为，促进各类企业公平竞争，使乡村旅游发展有一个良好的市场环境。为对旅游者负责，减少旅游者的消费顾虑，乡村旅游需要推行标准化，保证软硬件设施的完善程度以及产品和服务的质量，另外要对乡村旅游产品和设施进行评价分级，便于旅游者作出正确的消费选择。

#### 2. 旅游产品与服务的转型升级

旅游产品的转型升级是乡村旅游转型升级的关键。我国乡村旅游产品较为单一，形式简单，内容贫乏，缺乏特色，旅游者停留时间很短，消费水平很低。目前在欧美国家，乡村旅游已成为较高层次的旅游行为。借鉴国外的经验，我国的

乡村旅游必须走向生态旅游、文化旅游相结合的道路，营造良好的生态环境，挖掘民族文化中丰富的资源。各地区在目前已有的农家乐、观赏、采摘初级产品的基础上，结合客源市场需要开发休闲度假和生态旅游、体育旅游等其他高端产品，如第二住宅、租赁农园、教育农园、农事活动、乡村美食和游戏、垂钓、滑雪、露营、民俗活动、节庆活动、自行车赛、高尔夫等多种活动，形成乡村旅游产品谱系，在不同的季节有不同的旅游吸引物，并且注重参与性，提高旅游者的重游率，增加他们的停留时间。除主要旅游吸引物外，餐饮、住宿、交通、娱乐产品也要生态化、多样化和独具乡村特色。

提升服务档次，保持服务特色。乡村地区整体环境的脏、乱、差以及餐饮、住宿设施的安全卫生状况一直是旅游者最不满意之处，严重制约着乡村旅游的转型和升级。服务升级是乡村地区吸引高端旅游者的先决条件，需要社区、政府和相关科研机构合作共同解决。在新农村建设的形势下，政府应该拿出部分财政资金改善和整治乡村环境，建设给排水、供电、通信等基础设施和垃圾回收、公共厕所等服务设施；同时应该出台相应的农家旅馆接待标准，在消毒、食品安全、旅游者舒适方便等层面给予保证；还可以将餐饮接待设施分为不同的档次，有经济能力的业户可以接待高端旅游者，请专家根据实际情况进行设计，保持健康、自然的传统特色，如自然通风、采光、遮阳以及窑洞、竹楼、火炕等，在达到相应接待标准的同时降低经营成本；将旅游者废弃物纳入当地物质循环利用系统，减少对环境的影响。硬件设施提升的同时，经营和服务人员的素质也要提升，要培养接待业户正确的服务意识和理念，重点提高从业者在经营服务、食品卫生安全、接待礼仪、餐饮和客房服务、乡土文化讲解等方面的素质和技能，加强对当地干部和业主乡村旅游项目开发、管理、促销等专业知识培训。除此之外还要加强服务技巧的培训，如互联网、外语以及突发事件的处理等，完善投诉监管机制，对业户服务态度和行为进行严格监管。

◆【知识拓展】

### 乡村旅游转型发展坚持"五原"是关键

随着整个经济社会的发展和旅游消费的升级，现在乡村旅游发展也进入了一个转型升级的新阶段，需要以科学的理念和更高的标准来指导和推动乡村旅游的可持续发展。乡村旅游发展的地域在乡村，乡村的环境、建筑、民风民俗、美食等都是其旅游吸引物，缺乏这些乡村性的内容，乡村旅游发展就失去了支撑，也就难以持续。笔者认为，保持乡村性、推动乡村旅游转型发展，坚持"五原"是关键。

一是坚持"原住房"。千百年来，农村的房子就是乡村文化的重要体现，当前有不少旅游投资者把目光投向乡村，把一些环境好的村子里老百姓空置的老房子买下来或租下来，改造成特色客栈或民宿，外部保持古朴的风格，内部做现代化和舒适度的提升，有的已经成为当地乡村住宿的典范。发展乡村旅游，要做好原住房的保护工作，要把保护与改造提升结合起来，而不要只是一拆了之。

二是坚持"原住民"。当地老百姓是乡村旅游的活力和源泉，也是乡村文化的传承人和展示者，没有原住民参与的乡村旅游是没有生命力的。发展乡村旅游要处理好政府、投资者和原住民的利益关系，切实保障原住民应得的利益。如果利益分配不到位，必然影响当地乡村旅游的发展，现在这方面的例子各地也有不少，有的是老百姓阻止旅游者进入，有的是老百姓阻碍经营者的正常经营。如果出现这种情况，当地的乡村旅游也就无法可持续发展。

三是坚持"原生活"。老百姓朴实的生活状态往往也是旅游者感兴趣的。原生活往往能唤醒人的记忆，给人留下难忘的印象。纳鞋底、磨豆腐、百家宴等古老的生活场景，都可以成为乡村旅游的特色产品。当然，对于那些原生活中不讲究卫生的一些习惯、习俗等，就需要根据时代发展作相应的调整和改变。

四是坚持"原生产"。乡村的原生产状态就是农业，这也是农耕文化的动态展示。农业与旅游的有机融合，是乡村旅游的魅力所在。没有了农业生产，一些地方乡村旅游的吸引力就会大大降低，甚至会逐渐失去吸引力。比如，现在国内一些著名的梯田景观，如果没有真实的农业生产，梯田成了荒地，肯定就会失去魅力。只有不断生产，梯田景观才有动态的变化，不同的季节都各具魅力，才能吸引游人。农业旅游示范点、农业遗址公园、国家农业公园等的建设都是乡村坚持"原生产"的有效方式。

五是坚持"原生态"。原生态是乡村旅游的独特卖点，不能以现代、时尚来破坏乡村的原生态。记得有一次笔者到西部地区一个古村落考察，村里当时正在对村前一条漂亮的小溪进行改造，他们把水底下的淤泥和岸堤边的杂草全部清理掉，然后用水泥做硬化，不久之后再去，原来清清的溪水变成了污水，还夹带着臭味。还有一个村子，对村里的古祠堂进行维护，由于里面古老的壁画已经泛黄，他们就找人专门进行描新，还把一些旧的木构件卸下来，找木匠刨新了再装上去。有的把原本很好的石子路铺上了水泥。像这样名为维护实为破坏原生态的做法在许多村子都存在。试想，经过这样维护改造过的乡村，其旅游能可持续发展吗？

（资料来源：中国乡村旅游网）

◆【技能训练】

内容：实地考察周边区域的某一乡村旅游点，找出该乡村旅游点在开发过程中存在的问题并提出合理化建议。

步骤：

① 根据参观内容，将全班分成3个组（A、B、C），明确各组的任务分工，

并阐明参观的各项事宜。

②以小组为单位，参观考察某乡村旅游点，并收集整理该乡村旅游点的基本情况，找出该乡村旅游点在开发过程中的优势与不足。

③各小组进行资料的归纳、总结。

④撰写参观报告。要求：格式要规范；分析要有理有据；语言表达准确、清晰；以小组形式提交报告。

◆【项目情景】

### 中国台湾地区农庄的"心"式魅力

有这么一句话：全亚洲的城里人都想到中国台湾地区去"上山下乡"。那么，在我们大陆在休闲农业蓬勃发展的今天，海峡对岸的田间地头到底有什么不一样的魅力？

据了解，我国台湾地区休闲农业可分为两大类，即民宿和休闲农场。民宿就是我们所称的农家乐，规模不大，一般只有五个客房。休闲农场的规模相对较大，从几十个客房到上百个不等，更有甚者有上千个餐位。无论是民宿还是休闲农场，我国台湾地区的农庄总是能极致地体现出农庄主的意志，而这或许正是吸引各地休闲游客的魅力所在。

#### 调和技艺，亲力亲为

我国台湾地区的农场主除了走出去，亲自热情接待游客外，还往往有着非凡的技艺，农庄主把自己的技艺用到招待游客的热情中，将自己独到的创造和知识、体验传授给游客，在过程中达成新的创意体验和设计，这是游客难以抵挡的诱惑。在台湾内山休闲茶园，老板娘会带领大家现炸茶叶酥吃。戴上农家斗笠，腰里围上小竹篓，拣着不老不嫩的茶叶，摘个15片，漂洗掉小虫与浮尘，在老板娘的指导下，一堆人站在油锅前，茶叶蘸粉、下锅，美美地炸两碟，再撒上梅粉，不油不腻，酥脆可口，再端进屋，摆点咸甜小品，泡一壶柚子花茶，围坐起来开个茶话会，放松休闲的感觉油然而生。

#### 品格出众，自我规范

我国台湾地区休闲农庄主有一个共同的特点，都特别热爱乡村田园生活，建设休闲农庄的初衷，有的甚至是为了圆儿时的一个梦想。因此他们整体素质较高，往往并不追求短时间的暴利，而是能基于本身对精致休闲生活的向往，从一开始就非常注意生态环境的保护和休闲体验的质量，他们本身就会给自己的事业树立道德规范，让农庄持续健康发展。

这种农庄经营模式，与很多急功近利的投资者心态形成鲜明对比，常常不被外人所理解。但从长远看，这种生态农庄极具生命力，休闲农业本身体现的便是人们对自然的亲近和对健康生活的追求。比如生态和谐的某农庄，游客到来，鹦鹉会"啪"落在你肩头、头顶，供摆拍。建园的初衷虽然是为了"悦己"，不是为了赚钱，但经过多年经营后，不少最终成了"悦人"的场所，也获得了丰厚的回报。

从心出发，创意由心

我国台湾地区农庄主心灵与休闲农业相融，也因此更能充分调动大脑的思维与想象力，激发创意与创新，设置各种各样形式活泼的活动，并且从深度上进行发掘和发展，常创常新，甚至游客参观多次后仍然有耳目一新的感觉。如新竹关西的金勇DIY休闲农场，坚持每年都从国外引进十余种最新的番茄、彩色甜椒、水果玉米等特色蔬菜，在这里游客可以购买到"番茄礼盒"，一次性观赏、品尝到来自世界各地的番茄。

又如东风休闲农场还以"树木"为主题，搜罗桧木边角料，让客人自制筷子。切割好，用砂纸耐心打磨，雕琢纹路，让筷子带上自己的个性。再如最受小朋友欢迎的星源茶园融运动和娱乐为一体的手工冰激凌活动，两手持罐，顺着劲爆音乐，用吃奶的力气去摇出真正的冰激凌，一屋子晃冰碴儿的声音，运动的酣畅，成品的清香，吸引着许多游客。强调参与，寓教于乐。我国台湾地区农庄主从心出发，能够最深层次满足游客的消费期望，或许这正是台湾休闲农业成功的一方原因所在。

（资料来源：现代休闲农业研究院）

# 项目二 乡村旅游导游的服务与人员

## 【项目目标】

**技能点：** ①正确认识乡村导游职业，合理规划乡村导游职业生涯。
②熟悉乡村导游应具备的良好、全面的导游服务素养。

**知识点：** 熟悉乡村导游服务的内容、乡村导游服务的特点及原则，理解乡村导游服务在乡村旅游中的作用；熟悉乡村导游人员的概念，乡村导游人员应具备的基本素质和技能，熟悉乡村导游人员应遵守的职业道德及行为规范。

**验收点：** 通过本项目的学习，学生能够认识乡村导游职业，培养正确的职业观念，树立职业自豪感，培养良好的服务意识和服务素质。

## 【导入】

### 乡村游也需"科班导游"

在城市游中人们能够随时找到导游，但是在乡村游中很少听说有导游。事实上，乡村游更需要导游。正如网友"lovekk1058"在百度贴吧的留言："我最喜欢听人讲农村那些又烦琐又神秘的各种仪式。"我国是一个农业社会，最古老的文明都发端于乡村，民俗文化就是乡村游的灵魂，与乡村有关的乡绅文化、宗族祠堂文化、民风民俗文化最需要让旅游者了解。好在这样的困局有望破解了。2015年11月12日，山西省旅游局在全省范围选取18家成熟的乡村旅游景点，首次设立3个培训基地、15个实习基地，借优秀景点所积累的开发、管理、营销经验，重点培养一批急需的乡村旅游人才，以解决乡村旅游的人才匮乏问题。

（资料来源：山西日报）

乡村旅游是一种新兴的、尚在起步阶段的特种旅游，乡村导游服务是向旅游者提供规范的导游讲解服务以及旅游生活服务。

# 任务一　乡村旅游导游服务

## ◆【任务情境】

2004年，留民营村成立旅游办。2011年，该村被评为"北京最美乡村"。村里准备培养一批乡村导游员，刚刚大学毕业的张帆就是其中一位。但她对乡村导游服务工作还不太了解，乡村导游服务到底是一种什么样的服务工作呢？

## ◆【任务分析】

导游服务是旅游服务中具有代表性的工作，处在旅游接待的前沿。它包含向导服务、讲解服务、生活服务和安全服务等。

## ◆【知识链接】

### （一）乡村旅游导游服务的概念及内容

乡村导游服务是导游人员代表被委派的旅行社，接待或陪同旅游者旅行、游览，按照组团合同或约定的内容和标准向旅游者提供的旅游接待服务。

乡村导游服务范围广泛、内容复杂，涉及诸多方面的问题，使导游服务具有广泛性和多样性。归纳起来大体上可分为三大类，即导游讲解服务、旅行生活服务和市内交通服务。

导游讲解服务包括旅游者在目的地旅行期间的沿途讲解服务、参观游览现场的导游讲解以及座谈、访问和某些参观点的口译服务。

旅行生活服务包括客人入出境迎送、旅途生活照料、安全服务及上下站联络等。

市内交通服务是指导游人员同时兼任驾驶员为旅游者在市内和市郊旅行游览时提供的开车服务。这种服务在西方旅游发达国家比较多见。

其实导游服务是一种高附加值的服务，除了向导、讲解和生活服务之外，还应通过自己的努力，让客人获得最大的满足。

### （二）乡村旅游导游服务的特点及原则

#### 1. 导游服务的特点

导游服务是一种复杂的、高智能、高技能的服务工作，贯穿于旅游活动的全过程，而且随着社会的进步和旅游业的发展，其特点也将会发生变化。

（1）独立性强

导游服务是独当一面的工作。导游人员带领旅游团队外出旅游，在整个旅游活动过程中，往往只有导游人员与旅游者朝夕相处，导游服务是一种流动的、独立的工作方式。导游人员必须具备较强的独立工作能力，才能够圆满地完成旅游团队的导游服务工作。导游人员要独立地宣传、执行国家政策，要独立地根据旅游计划组织旅游活动、带领旅游团参观游览，尤其是在出现某些矛盾和突发事件时，导游人员还需要独立地、合情合理地进行处理。导游人员的导游讲解也具有相对的独立性，需要根据旅游者不同的文化层次、不同的审美情趣以及不同的爱好，及时调整自己的讲解内容，以满足他们的精神享受需求。这需要导游人员独立完成，别人无法替代。

（2）脑力劳动与体力劳动高度结合

导游服务是一项脑力劳动和体力劳动高度结合的服务性工作。一方面，导游人员在讲解过程中必然会涉及许多方面的知识，这就要求导游人员博闻强记、掌握古今中外的天文地理、政治、经济、文化、教育、医疗卫生、法律、宗教、民俗等各方面丰富的知识，对音乐、舞蹈、美术、建筑、心理学、美学等也需涉猎；另一方面，导游服务流动性强、工作量大、体力支出比较大，在旅游过程中，导游人员要带领旅游者一起游览并进行讲解和介绍，还要随时随地帮助旅游者解决出现的各种问题，尤其在旅游旺季时，导游人员工作"连轴转"，工作难度增强，体力消耗加大，往往无法正常休息。这种脑力和体力相结合的特点在其他行业中也是少见的。导游人员需具有高度的事业心和健康的体质才能胜任工作。

（3）复杂多变

① 服务对象复杂。导游服务的对象是来自五湖四海的旅游者，他们有着不同的国籍、民族和肤色，职业、性别、年龄、宗教信仰和接受教育的情况也各异，其兴趣、性格和习惯也千差万别。导游人员在提供服务时，面对的是一个复杂的服务对象群体。由于接待的每一批旅游者都各不相同，因而常常要面对不断变化的复杂情况。

② 旅游者的需求多种多样。导游人员除了按照接待计划安排和落实旅游者旅游过程中的食、住、行、游、购、娱等基本活动，还有责任满足或帮助旅游者解决其随时提出的各种个别要求以及解决或处理旅游过程中随时出现的问题和状况。而且由于对象不同、客观条件不同，即使是同样的要求或问题往往也会出现不同的情况，这就需要导游人员根据具体情况准确判断并妥善处理。

③ 人际关系复杂。导游人员为了确保旅游活动的顺利进行，除了天天和旅游者接触外，还需要与许多相关部门和工作人员进行接洽和交往，如饭店、餐馆、旅游点、交通、商店、娱乐等部门。虽然导游人员面对的这方方面面的关系是建立在共同目标基础上的合作关系，但是每一种关系的背后都各有自己的利

益，落实到具体人员身上，情况可能更为复杂。作为导游人员，其本身具有双重身份，既代表着旅行社的利益，同时又是旅游者利益的代表者和维护者，导游人员以此双重身份与各方面打交道，处在一张工作关系和人际关系都比较复杂的关系网中，要处理好这些复杂繁多的关系，就需要具有较高的综合素质和较强的公关能力。

④ 直面多种诱惑。导游人员在工作中要跟海内外形形色色的人员打交道，直接面对各种诱惑的机会要比常人多得多。这些诱惑主要有金钱和名利等。导游人员面对不同的意识形态、价值观念和生活方式，耳濡目染，如果意志不坚定、自制能力不强，非常容易受其影响，甚至沦为"精神污染"的俘虏。导游人员要提高思想政治觉悟，提高自身修养，始终保持清醒的头脑，增强抵制诱惑的能力。

⑤ 关联性强。一次成功的旅游活动需要这些环环相扣的各旅游供给部门的共同努力和通力协作，无论哪个部门出现了问题，都势必会影响到旅游活动的正常进行，使旅游者感到不满或失望，从而影响到整体旅游产品的质量。导游服务涉及旅游行业的方方面面，具有很强的关联性，这就要求导游人员必须以高度的事业心和责任感，与各个相关部门进行统筹协调。

### 2. 导游服务的原则

（1）宾客至上原则

宾客至上是服务行业的座右铭，它不仅是一句招揽顾客的宣传口号，更是服务行业的宗旨，是导游服务工作中处理问题的出发点。

"宾客至上"意味着"旅游者第一"。在旅游者和导游服务的关系中，旅游者是第一位因素，没有旅游者，导游服务便没有了服务对象，也就失去了存在的意义。只有充分认识这一点，才能真心实意地为旅游者服务，才能体现导游服务存在的价值和意义。

宾客至上的原则要求导游人员始终尊重旅游者，全心全意为旅游者服务，无论处理什么问题都应首先以旅游者的利益为重，不能过多地强调自己的困难，更不能以个人的情绪和喜好来对待和左右旅游者，而应尽可能地满足旅游者合理而可能的要求。

（2）合理而可能原则

合理而可能的原则是导游人员处理问题、满足旅游者要求的依据和准绳。旅游者在旅游过程中往往有求全心理，经常提出一些要求，但只要他们提出的要求是合理又有可能办到的，即使困难，也应该尽量予以满足。当旅游者提出过高的要求时，导游人员必须仔细认真地倾听，冷静分析旅游者的意见是否合理、有无实现的可能，绝不能置之不理，对其合理的成分要给予肯定，并想方设法去办；对不合理或无法实现的要求要给予耐心细致、合情合理的解释，使旅游者心悦诚服。

（3）规范化服务和个性化服务相结合的原则

规范化服务又称标准化服务。是在两个"标准"（1996年6月1日起实施的

《导游服务质量》国家标准和1997年7月1日起实施的《旅行社国内旅游服务质量要求》的行业标准)的基础上,向旅游者提供优质的导游服务。

然而,按照这两个标准进行的导游服务并不等于优质的导游服务,这只是旅行社必须达到的起码标准。个性化服务也称之为特殊服务,它是导游人员在执行以上两个标准规定的要求以及旅行社与旅游者之间的约定之外,按照旅客的合理要求而提供的服务。这种服务一般是针对个别要求而提供的。

(4)维护旅游者合法权益的原则

导游人员尊重旅游者的最好方法就是维护其合法权益。从1996年国家旅游局发布《旅行社管理条例实施细则》以来,国家和地方相继发布了关于旅游服务的各种法律法规,其中对行业服务标准、合同签署、事故处理等均作了详细规定。作为旅行社委派的代表,导游人员处在旅游接待的第一线,必须学法知法,不折不扣地按照有关法律法规或标准,按照双方合同约定向旅游者提供导游服务,兑现对旅游者的承诺,充分尊重旅游者的知情权和投诉权,保障旅游者的人身财产安全,始终将维护旅游者的合法权益视为自己的服务准则,并根据这一准则对其他旅游服务的供给进行监督,处理旅游过程中的有关问题。

维护旅游者合法权益的原则也是面对全体旅游者、为全体旅游者服务、平等服务原则的延伸,它可以正当理由拒绝个别旅游者提出的无理要求,保障大多数旅游者的合法权益。

## (三)导游服务在乡村旅游中的作用

毋庸置疑,导游服务的基本功能是向旅游者提供规范的导游讲解服务及旅游生活服务。在乡村旅游中,这些服务功能仍然是导游必不可少的工作,而且需要进一步加强,在乡村旅游中发挥更积极更有效的作用。首先,因为乡村旅游与传统意义上的旅游是有区别的,乡村旅游注重强调在享受自然中实现认识自然和保护自然的目的,使旅游者除了单纯意义上的休闲观光之外,还能享受到情感、心灵等更高层次的追求。对于乡村旅游资源如风景名胜区、瀑布及农家瓜果采摘基地等,导游既要负责旅游者的安全,又要负责为旅游者释疑,此外,导游还肩负着引导旅游者绿色消费、保护景区生态环境的重任。比如:倡导旅游者文明旅游,不在景区乱扔垃圾,节约水资源,选择环保意识强的乡村绿色饭店就餐等。其次,导游在乡村生态旅游的解说中占有主导地位。旅游者在旅游的过程中,常会即兴咨询导游一些专业性较强的问题,如某种植物种群的地域分布等,导游可运用自己掌握的专业知识,给旅游者一个满意的解答,也可借解说机会顺便宣传生态环保知识,使导游无论在知识层次还是服务技巧方面不断有所提高,为生态旅游地树立良好的声誉。有些旅游者缺乏自律性,不注意景区生态环境的保护,导游就要因人而异,充分发挥沟通才能及技巧,对旅游者进行宣传和引导,纠正旅游者的不良行为,让旅游者成为真正的生态旅游者。

## ◆【案例分析】

2013年8月6日，北京某旅行社导游小黄接待了一个16人（8对夫妻）的北京五日游团。8月8日下午小黄接到同学发的一条微信："祝福你，明天情人节快乐。"小黄有点奇怪，又不是2月14日，祝福什么的情人节快乐，细心的小黄一查日历原来8月9日是农历的"七夕"，可以说是中国的情人节。小黄突然有个想法，要在"七夕"那天给团里的客人们一个惊喜。

第二天早晨，小黄让女士们先上了车，将所有的男士留下，她突然变魔术似的从包里拿出一枝枝包装得很漂亮的红玫瑰道："各位先生，今天是农历'七夕'，可以说是中国的情人节，我为每位男士准备了一枝红玫瑰送给各自的太太，祝大家情人节快乐！"男士们每人拿着一枝红玫瑰送给他们的太太时，车上的气氛好极了，有的女士感动得都流眼泪了。

（资料来源：导游经典案例）

**分析**：从导游服务人员的角度讲，个性化服务就是导游服务人员针对服务对象（旅游者）的不同个性特点和心理需求，结合具体情境，发挥自己的资源优势所采取的有针对性、灵活性的服务。提供个性化服务在很大程度上取决于导游人员的自觉性及其服务技能水平。本案例中小黄为旅游者提供了一次优质的、有人情味的个性化服务。小黄的团队成员都是夫妻，她抓住了"七夕"是中国的情人节这个细节，用玫瑰花让游客们度过了一个难忘的、浪漫的"七夕"，游客们的感动可想而知。可以说这是个高质量的团，是一个成功的个性化服务案例。

## ◆【技能训练】

### "宾客至上"原则的运用

请学生扮演导游人员与旅游者，面对挑剔客人的责难，导游人员是不是应该与客人进行激烈的争论？

有些同学认为青年导游血气方刚，不可能面对客人的责难一声不吭，该"出口"的时候还是要"出口"的，否则对方在接下来的旅途中还会得寸进尺。而另外有同学认为如果客人的确是刁难，导游人员三言两语把客人说蔫了后，客人会非常难堪，接下来在相处时大家会很尴尬，所以还是应该给客人留有一定余地。还有同学认为如果客人没有触犯导游人员的人格尊严，导游人员该忍让的还是要忍让，有些单位还给员工发"委屈奖"，这也是现实生存之道。

如果是你遇到过分刁难的客人，你将如何理解"宾客至上"的原则？

## 任务二　乡村旅游导游人员

◆【任务情境】

杨夕是旅游管理专业（乡村旅游方向）大学二年级学生，经过几次的京郊休闲农园带团讲解实习后，对导游工作很喜欢，希望毕业后能成为一名真正的乡村旅游导游人员，那她要做哪些准备呢？导游人员应该具备哪些素质？

◆【任务分析】

"热爱"是每位成功者的源泉与动力。要成为一名正式的导游人员需要充分的准备和满足一些必要的条件。同时，导游人员素质的高低与能力的强弱直接影响着导游服务的质量，影响着旅游者对其"游历质量"的满意程度。

◆【知识链接】

### （一）导游人员的概念及分类

**1. 导游人员的概念**

导游人员是乡村旅游工作人员队伍中非常重要的组成部分。导游是引导他人游览，满足旅游者"求知、求新、求奇、求乐"的愿望，组织协调旅游活动的服务性工作，是一项沟通、传播文化，给予旅游者知识、赋予教益、陶冶情操、增进交往和了解，建立友谊的高级服务工作。

导游人员是导游服务工作人员的总称，《导游人员管理条例》第二条规定："本条例所称导游人员，是指依照本条例的规定取得导游证，接受旅行社委派，为旅游者提供向导、讲解及相关旅游服务的人员。"

上述导游人员的概念包括了三层含义：

第一，特定的程序。在中国担任导游工作的人员，是依据《导游人员管理条例》经过导游人员资格考试并取得导游证的人员。

第二，特定的委托。导游是接受旅行社委派而从事导游业务的人员，接受旅行社委派从事导游业务是导游的特征。

第三，特定的工作。导游人员的工作范围，主要是为旅游者提供向导、讲解及相关旅游服务。"向导"，一般是指为他人引路、带路；"讲解"，是指为旅游者解说、指点风景名胜;"相关旅游服务",一般是指为旅游者代办各种旅游证件、代购交通票据、安排旅游住宿、旅程、就餐等与旅行游览有关的活动。

**2. 导游人员的分类**

(1) 按语种分类

① 中文导游。指能使用普通话、地方话或少数民族语言来服务旅游者的人员。其服务对象一般为国内旅游者中的中国公民(含入境旅游的港澳台同胞)。

② 外语导游。指能够运用外语从事导游业务的人员。其主要服务对象是入境旅游的外国旅游者和出境旅游的中国公民。

(2) 按工作性质分类

① 专职导游。指长期受雇于某家旅行社,为该企业正式职员的导游,是中国导游队伍的主力军。

② 业余导游。指不以导游工作为主业,主要利用业余时间从事导游工作的人员。

③ 自由职业导游。指以导游职业为主业,本身并不属于某家旅行社的正式员工,但通过合同形式与其供职的旅行社建立权利义务关系。

(3) 按工作区域分类

① 地方陪同导游(简称地陪)。地陪是指受接待旅行社委派,代表接待旅行社实施接待计划,为旅游团(者)提供当地旅游活动安排、讲解、翻译等服务的导游人员。

② 全程陪同导游(简称全陪)。是指受组团旅行社委派,作为组团旅行社的代表,为旅行团(者)提供全旅程服务的导游人员。

③ 定点导游(也称讲解员)。是指在重要景点或参观场所一定范围内为旅游者进行导游讲解的人员。

④ 国际导游(一般称领队)。是指受雇于派出方旅行社,负责陪同国际旅游团的全程旅游活动,并协调与接待方旅行社关系的人员。

(4) 按等级分类

导游按等级分类可分为:初级导游、中级导游、高级导游、特级导游。

初级导游和中级导游资格主要是通过考试取得,他们是导游队伍的主要力量,所占比例较大。

高级导游和特级导游资格主要是通过考核和同行专家评议,被旅行社所聘而取得,虽然在数量上只是少数,但对保证导游服务质量和提升旅行社形象有非常重要的作用,是旅行社中宝贵的人力资源。

**(二)导游人员的基本素质**

导游作为连接旅游主体和旅旅游者体的中介,是旅游目的地、旅行社、旅游者三者之间的桥梁和纽带。随着社会经济的发展、体验旅游时代的到来,导游的作用越来越大，对高素质的新型导游的需求也会越来越大。因此，一个合格的导游必须具备以下几个方面的素质。

1. **政治素质**

导游应具有爱国主义意识，热爱祖国是一名合格导游的首要条件。在海外旅游者的心目中，导游是国家形象的代表，因此，导游在为旅游者提供热情高效服务的同时，要自觉维护国家利益和民族尊严，遵纪守法，把祖国的利益、社会主义事业摆在第一位。遵纪守法是导游必须具备的政治素质，导游应树立高度的法纪观念，认真学习并遵守国家有关的法律法规，遵守行业规章，严格执行服务质量标准，严守国家机密和商业机密，维护国家和企业的利益。

2. **思想素质**

（1）优秀的思想品质

导游应有优秀的道德品质，要发扬全心全意为人民服务的精神，并把这一精神与"宾客至上"的旅游服务宗旨紧密结合起来，热情地为国内外的旅游者服务。

（2）热爱本职工作、尽职敬业

作为一名合格的导游，不管服务的旅游者是什么样的群体，都应该以最好的态度对待每一位旅游者。旅游途中，不管遇到什么麻烦或者困难，都应该把旅游者放在第一位，每时每刻都要把自己的工作做好。

（3）具有高尚的情操

导游人员应培养自我控制能力，自觉抵制形形色色的精神污染，力争做到"出淤泥而不染"。不要有贪念，不能为了一点小便宜就动摇自己的信念，在旅游者心中贬低自己的人格，要始终保持高尚的情操，给旅游者留下最好的一面，同时，也为自己在以后的服务中打下很好的基础。

3. **广博的知识**

丰富的知识是搞好导游工作的前提，以下是导游必须掌握的知识。

（1）语言知识

导游是靠嘴巴吃饭的，语言是导游人员最重要的基本功，是导游服务沟通交流的工具。导游语言的八要素：言之有物、言之有据、言之有理、言之有情、言之有礼、言之有神、言之有趣、言之有喻。并且导游要说标准的普通话，吐字清晰，咬字准确。

（2）历史地理等文化知识

"上知天文，下知地理"是导游的看家本领，导游必须有历史、地理、宗教、民族、风俗民情、风物特产、文学艺术、古建园林等方面的知识。这样，导游在导游服务过程中对旅游者提出的问题才能给予精彩的解答，出现错误的概率才会很小甚至是没有，旅游者才能感觉到导游的真才实学。

（3）政策、法律法规知识

导游人员应该牢记国家的现行方针政策，掌握有关的法律法规知识，了解外国旅游者在中国的法律地位以及他们的权利和义务。在导游讲解、回答旅游者对有关问题的问询或同旅游者讨论有关问题时，必须以国家的方针政策和法规作指导。对旅游过程中出现的有关问题，导游人员要以国家的政策和有关法律法规予以正确处理。导游人员自身的言行更要符合国家政策法规的要求，遵纪守法。

（4）心理学知识

导游人员的工作对象主要是形形色色的旅游者，而且与之相处时间往往很短暂，因而掌握必要的心理学知识具有特殊的重要性。导游人员要随时了解旅游者的心理，有的放矢地做好导游讲解和旅途生活服务工作，有针对性地提供心理服务，从而使旅游者在心理上得到满足，在精神上获得享受。

（5）美学知识

旅游活动是一项综合性的审美活动。导游人员不仅要向旅游者传播知识，也要传递美的信息，让他们获得美的享受。

（6）社会风俗知识

导游人员应掌握相关的社会风俗知识，了解各地的风土人情、婚丧嫁娶习俗、宗教信仰情况和禁忌习俗。

（7）旅行知识

导游人员掌握必要的旅行知识，对旅游活动的顺利进行十分重要。旅行知识包括交通知识、通信知识、货币保险知识、卫生防病知识、旅游业知识等。

总之，我们要求导游必须是"杂家"，只有储备各方面的知识，才能更好地完成每一次旅程。

**4. 较高的导游服务技能**

导游人员的服务技能与他的工作能力和掌握的知识有很大的关系，需要在实践中培养和发展。因此，导游人员要在掌握丰富知识的基础上，努力学习导游方法、技巧，并不断总结、提炼，形成适合自己的导游方法、技巧及独有的导游风格。

**5. 较强的独立工作能力和协调应变能力**

在工作中导游要有独立执行政策和独立宣传讲解的能力、较强的组织协调能力和灵活的工作方法、善于和各种人打交道的能力以及独立分析、解决问题和处理事故的能力。

**6. 身体素质**

"身体是革命的本钱"，导游工作是一项脑力劳动和体力劳动高度结合的工作，工作纷繁，量大面广，流动性强，体能消耗大，而且工作对象复杂，所以导游必须要有一个健康的体魄，才能做好每一项工作。

**7. 心理素质**

导游面对的是不同的旅游者，在旅游过程中也会遇到不同程度的麻烦和问题，这就要求导游具备良好的心理素质。

（1）导游应具有良好的观察能力和感知能力

在与旅游者接触中，导游要善于观察旅游者并敏锐发现不同旅游者的心理反应，了解他们需要什么，对什么感兴趣，并且及时调整导游讲解方式和相应服务，采取必要的措施，运用多变的手法，保证旅游活动的顺利进行。

（2）导游应具备良好的意志品质

意志是人为了达到一定的目的，自觉地组织自己的行动，并与克服困难相联系的心理过程。人的意志表现在行动开始之前善于作出决定，并选择恰当的行动方式；在行动开始之后能顽强地克服行动过程中的种种困难，把行动坚持到底。

导游的情绪状态对导游服务工作有很大的影响。导游的情绪不可避免地受到各种主客观因素的影响。因此，导游应该有较强的自制力，在紧急情况下沉着冷静，不感情用事，自觉调节和控制自己的言论和行动，保持心平气和、热情耐心，有时甚至需要忍耐和克制生理上和精神上的痛苦来为旅游者服务。导游意志的自制性不仅对旅游者产生极其明显的心理影响，还能抑制旅游者某些消极情绪或激情爆发。

（3）导游应善于调节旅游者的情绪

旅游过程中，导游不仅要控制好自己的情绪，还要善于调节旅游者的情绪，因为在旅游期间，旅游者往往会感到疲劳，失去游兴，这样旅游活动就不可能顺利地达到预期目的。因此，导游要有调节旅游者情绪的能力，保持并提高其游兴是对导游的工作能力和才华的重要考验，也是导游活动成功的一个重要标志。

### （三）导游人员的职业道德和行为规范

#### 1. 职业道德

导游人员的职业道德是社会主义道德要求在旅游接待工作中的具体体现，是衡量导游人员职业道德行为的标准。导游人员在工作中应加强道德修养，以规范自己的行为。

（1）爱国爱企、自尊自强

导游人员要以主人翁的姿态出现，应坚持祖国的利益高于一切的思想和原则，工作中要维护国家和民族的尊严，要为国家、为企业的发展多作贡献；要有自尊心和自信心，勇于开拓，勇于创新。

（2）遵纪守法、敬业爱岗

导游人员应自觉遵守国家法律、行业法规和职业纪律、端正择业动机，明确职业责任，树立敬业、乐业的道德情感，发扬勤业、创业的优良传统。遵纪守法、敬业爱岗是社会主义各行业人员应以自律的一项共同的道德规范。

（3）公私分明、诚实善良

导游人员在工作中要不谋私利，公私分明；对待旅游者要真诚公道，信誉第一，服务中要做到"诚于中而形于外"，不弄虚作假，不欺骗旅游者。公私分明、诚实善良对于从事第三产业的人员来说尤为重要，因为它是为其他产业和居民提供服务的。

（4）克勤克俭、宾客至上

导游人员在工作中要兢兢业业，尽职尽责，充分发挥主观能动性、积极性和创造性，一切为旅游者着想，主动热情地为旅游者提供优质的服务。克勤克俭、宾客至上是包括旅游业在内的服务行业的一项基本道德规范和服务标准。

（5）热情大度、清洁端庄

导游人员要将热情友好贯穿于导游服务过程之中，有主动服务意识，站在旅游者的立场上，有同情心地为其排忧解难；接待旅游者时要仪表整洁，举止大方，给旅游者以舒心、满意之感。热情大度、清洁端庄既是导游人员应有的待客之道，又是其应具备的基本品德，它体现了导游人员的一种高尚情操。

（6）一视同仁、不卑不亢

导游人员要在态度和行为上对待每一位旅游者都是一个样，不厚此薄彼。在工作中，导游人员要维护自己的人格、国格，坚持自己的信念，不妄自菲薄；对旅游者服务，不低三下四；热爱祖国，但不妄自尊大；学习先进，但不盲目崇洋媚外。一视同仁、不卑不亢是导游人员在人际关系和国际交往中应奉行的一项行为准则。

（7）耐心细致、文明礼貌

导游人员对待旅游者要虚心、耐心，服务中要尊重旅游者，既要尽责，又要尽心，要根据旅游者的心理和需要提供个性化服务；对旅游者要笑脸相迎，彬彬有礼，落落大方。耐心细致、文明礼貌是衡量导游人员工作态度和工作责任心的一项重要标准。

（8）团结服从、大局不忘

导游人员在工作中要以国家旅游业的发展为重，发扬团结协作精神，顾全大局；要坚持个人利益服从集体利益，局部利益服从整体利益，眼前利益服从长远利益；要发扬主人翁的精神，与有关接待单位和导游服务集体密切配合，互相支持。团结服从、不忘大局是导游人员正确处理上述关系的行为准则。

（9）优质服务、好学向上

导游人员要端正服务态度，在服务中尽心、尽力、尽职、尽责，对工作精益求精；要勤于学习，善于学习，不断提高自己的业务水平。优质服务、好学向上既是衡量导游人员工作优劣、是否有进取心的一项最重要的标准，又是导游人员职业道德水准的最终体现。

**2. 导游人员的行为规范**

为了捍卫国家利益，维护祖国的尊严，保护旅行社的利益，发展我国旅游业，导游人员必须遵守国家的法律法规、行纪行规和旅游企业的规章，加强法纪观念，在工作中自觉地约束自己的行为。

（1）严守国家和企业的机密，注意内外有别

导游人员不得有损害国家利益和民族尊严的言行，不得擅自带领旅游者进入不对外开放的地区或单位参观、游览；不得向旅游者泄露旅游团收费细目，在旅游者面前，不谈论旅行社内部事务。

（2）严格遵守请示汇报制度

导游人员在带团中遇有重大问题（如交通事故、治安事故等）和反映（如旅游者对事故处理的意见等）要及时向旅行社请示汇报，不得擅自决定和处理。凡是遇到自己没有把握的问题，都应向旅行社请示。

（3）遵纪守法

遵纪守法是每个公民的义务。导游人员作为旅游行业的形象代表，在导游服务工作中应遵守国家旅游行政部门的有关法规。按照《中华人民共和国旅游法》《旅行社条例》和《导游人员管理条例》等法规的规定，导游人员在进行导游活动时，应佩戴导游证，携带计分卡、正规旅游接待计划，10人以上的旅游团应打接待社社旗；不得私自转借导游证供他人使用；不得私自承揽或者以其他任何方式承揽导游业务；不得擅自改变旅游合同安排的行程（包括减少游览项目或者游览时间、增加或者变更游览项目、增加购物次数或者延长购物时间以及其他擅自改变旅游合同的行为）；不得因旅游者拒绝参加旅行社安排的购物活动或者需要旅游者另行付费的旅游项目等情形，以任何借口、理由，拒绝继续履行合同、提供服务相威胁；不得向旅游者兜售物品或者购买旅游者的物品；不得以明示或者暗示的方式向旅游者索要小费；不得欺骗、胁迫旅游者消费或者与经营者串通欺骗、胁迫旅游者消费；不得迎合个别旅游者的低级趣味，在讲解和介绍中掺杂庸俗、下流的内容；不得私自带人随团游览；不得诱导和安排旅游者参加黄、赌、毒活动项目，不索要和接受反动、黄色书刊、画报与音像制品。在旅游行程中，导游人员应尊重旅游者的宗教信仰和民族习俗，提示旅游者遵守文明旅游公约和礼仪。在导游讲解中不吸烟、不吃东西。

◆【案例分析】

### 旅途中的小意外

2016年10月26～28日，刘小姐在北京G旅行社担任全陪，旅游团是为期3天的京津游。该团成员是40年前的校友，刚在母校进行完联谊活动。因为年龄都偏大，在接团前，社里就一再叮嘱导游服务要细致。在整个旅游过程中，刘小姐尽量做到细致入微，只是发生了一次小意外。旅游团共4辆车，在去景区的途中，由于路不通，改走其他路线。有的车又先出发，因而在一个岔路口不得不停下来等其他车，这时客人表示不满，要求只能等10分钟，10分钟后必须开车。

此时气氛有点紧张，刘小姐就主动为客人表演节目，缓和气氛，同时组织大家唱民歌。过了大约半个小时，其他车跟了上来，客人也没有表示责难。在后来的旅游活动中，刘小姐主动搀扶年迈旅游者，并为他们做了一些力所能及的事，博得客了人的好感，后来客人专门为社里送了一面锦旗。

（资料来源：导游业务案例）

分析：导游人员是整个旅游团旅游活动的节目主持人。导游人员的专业知识和服务、管理职能的发挥至关重要，直接关系到旅游团队的活动是不是丰富多彩，是不是充满欢声笑语，直接关系到每一位旅游者的旅游体验是不是愉悦。所以，导游员不仅应该受过良好的训练，对旅游景点和旅游线路了如指掌，而且应该具有良好的心理素质和应变能力，能够机智地处理各种突发事件，巧妙地化解各种矛盾。在任何时候、任何情况下，只要有导游员与旅游团在一起，旅游者们就感到放心，就觉得有依靠，就不怕任何困难。

## ◆【技能训练】

内容：2015年4月，由国家旅游局、光明日报评选的"寻找中国最美导游"活动结果正式揭晓，同学们分小组搜集最美导游的信息和事迹，分析总结他们表现出的优秀素质。

注："最美导游活动——候选导游风采"

网址：http://travel.gmw.cn/node_53852.htm

步骤：

① PPT汇报。各小组的活动过程、最美导游信息和分析结果用PPT的形式在全班进行汇报。

② 讨论。全班同学集体讨论，总结出优秀导游应具备的素质。

③ 活动报告。最终各组写出活动报告上交。

# 项目三　乡村旅游导游工作流程

【项目目标】

**技能点**：从接到旅行社下达的接待任务起，能完成以下工作：

① 做好乡村旅游接待的前期服务准备；
② 迎接、组织旅游者，并致欢迎词；
③ 办理入住及用餐服务；
④ 参观、游览过程中的引导、讲解、服务工作；
⑤ 安排购物及娱乐活动；
⑥ 结束游览活动，送别旅游者致欢送词，并妥善处理后续问题。

**知识点**：了解导游人员的工作流程和服务规范，熟悉导游工作各环节的工作技巧与要领，做好旅游者的迎送工作，严格按照接待计划，安排参观游览活动中的导游讲解工作和计划内的食宿、购物、文娱等活动的安排，妥善处理各方面的关系和出现的问题。

**验收点**：通过本项目的学习，学生能够根据导游服务流程接待乡村旅游参观的旅游者，按照工作流程规范服务程序、提高服务技能，争取达到较好的工作效果。

【导入】

## "村官"变身乡村导游

近年来，福建省古田县将乡村旅游发展与美丽乡村建设、现代农业发展等有机结合，积极推进全县乡村旅游发展。目前，全县已有生态休闲型、红色旅游型、库区特色型、历史积淀型、民族特色型等类型乡村旅游示范村12个。随着京福高铁合福段的开通，前来古田体验乡村旅游的旅游者日益增多。由于乡村旅游正处于起步阶段，专业导游缺口严重，旅游者在游览过程中，"村情民风看不透，走马观花难深入"的现象较为普遍。2015年8月18日，古田县组织部门组织全县20名大学生村官，通过参加"乡村旅游专题培训班"、担任乡村旅游现场会讲解员等形式，提高其服务礼仪、现场讲解等实战能力，使其成为乡村导游主力军。

（资料来源：凤凰资讯）

乡村旅游是旅游活动的形态之一，它具有一般旅游活动的普遍规律，导游员可以遵循导游工作流程为旅游者提供接待、讲解、服务等工作，确保旅游者在乡村参观游览活动的顺利进行。

## 任务一　接团服务准备

### ◆【任务情境】

端午节小长假期间，北京某旅行社开展京郊亲子游主题活动，12个家庭共36人报名参加了此项活动，活动安排在大兴区北京野生动物园、庞各庄老宋瓜园、盘龙翠谷极地冰雪大世界等地方。旅行社通知导游杨慧，这个团由她负责接待，杨慧作为旅游院校的在校大学生，这是她第一次独立带团，心里不免有些紧张，作为一名导游接团前到底该做些什么呢？

### ◆【任务分析】

导游的接待工作烦琐而细致，也是最锻炼人的工作，要将整个旅游团队的吃、住、行、游、购、娱安排得井井有条，需要提前做好安排和准备，对于熟悉的景点要进行温习，更新常规知识；对于不熟悉或刚开放的新景点，一定要到实地考察熟悉，掌握第一手的资料，从接到旅行社委派开始就要进入带团的状态。"工欲善其事，必先利其器"，对于导游，做好接团前的准备工作，是完成导游服务任务和提高导游服务质量的基础。

### ◆【知识链接】

做好接团前的准备工作，是导游提供良好服务的重要前提，是完成导游服务任务和提高导游服务质量的基础。当导游接到旅游团队接待计划后，就要按照计划要求认真充分地做好各项准备工作。由于导游工作千头万绪，考虑不周就可能出错，因此，准备工作应细致、周密、事必躬亲。通常，导游的准备工作可分为以下几个方面。

**（一）接受旅行社委派**

根据《中华人民共和国旅游法》第四十条规定，导游和领队为旅游者提供服务必须接受旅行社委派，不得私自承揽导游和领队业务。"委派"就是旅行社明确导游带团任务，导游按照旅行社的任务和指示，为旅游者提供导游服务。

旅行社将旅游产品成功销售给旅游者后，根据与旅游者签署的旅游合同所承诺的内容，由旅行社计调部门编制团队接待计划，再委派具有导游资质的导游人员负责团队的接待工作。一般情况下，旅行社需提前一周通知导游人员，安排接团计划。

## （二）熟悉接待计划

旅游团队接待计划是旅行社组织、落实旅游团活动的契约性文件，是导游人员了解该团基本情况和安排活动日程的重要依据。《导游服务质量国家标准》要求："地陪应在旅游团（者）抵达之前认真阅读接待计划和有关资料，详细、准确地了解旅游团（者）的服务项目和要求，重要事宜作好记录。"

导游人员在接受旅行社委派的接团任务后，应在团队抵达前根据旅行社要求提前到旅行社领取团队接待计划和相应的接团物品，对团队接待计划进行详细地解读，并对团队组成情况和相关事宜进行全面了解。一名合格的导游人员应当在拿到"团队接待计划"后，认真阅读计划，从中获取团队信息。

通过阅读分析接待计划，了解、掌握旅游团的以下情况。

1. 旅行社信息

① 旅行社名称（计划签发单位）、所在地、传真号码及基本情况。

② 计划签发旅行社的组团人、计调人员信息、联络人姓名、电话号码或其他联络方式。

③ 旅游团标志或提供给团队成员的标志物。

2. 旅游团队信息

① 旅游团的类型（老人团、亲子团、青年团、公务团等）。

② 团队的等级（VIP团、豪华团、标准团、经济团等）。

③ 旅游团的名称、代号、电脑序号。

④ 结算方式和收费标准（如豪华团、标准团、经济团等）。

⑤ 用车、用房、用餐标准等。

⑥ 旅游团队是否有特殊要求。

3. 旅游团旅游者基本信息

① 团队人数。表示方法：整数位是成人，小数位是儿童，加号后面是全陪。例如：25.3+1，表示25名成人、3名儿童、1名全陪。

② 旅游团旅游者的客源地、国别、使用何种语言，及当地的风俗习惯、热门话题。

③ 每位旅游者的姓名、性别、职业、年龄（有否高龄老人和儿童）、宗教信仰、民族等。

④ 旅游者中具有共性的特征，包括职业、宗教信仰、文化层次、社会地位、兴趣爱好等方面。

4. **交通情况**

① 旅游团队抵达和离开所乘坐的交通工具（飞机、火车、汽车等）。

② 掌握抵达和离开本站的具体时间、地点。

③ 熟悉机场、车站的设施情况。

④ 熟悉旅游团队的票务情况、机票种类、订座记录编号等。

⑤ 如果交通方面出现变化，应及时核实、报告旅行社，适当调整接待计划。

5. **旅游行程安排**

旅游行程安排是团队接待计划中的重点内容，导游人员须掌握行程安排，根据每天的行程安排设计导游讲解、行车路线，提前熟悉和落实相关事宜，如发现行程安排有不合理的地方，可征得旅行社计调人员同意，在不减少旅游活动项目的前提下作适当的调整。

① 掌握接待计划中安排的参观景点位置、行车路线、景点中的导游线路、景点概况、开放和关闭时间、门票价格（成人、儿童、老年人、特殊证件等）、景点及周围洗手间的分布、售票处的位置等。

② 对接待计划中不熟悉的景点和活动项目，导游应事先了解景点的概况、行车路线、游览线路等，以便于游览活动的顺利进行。

③ 掌握接待计划中安排的文娱活动的项目名称、内容、特色、时间安排、活动地点、票务等，提前与旅行社计调和演出单位取得联系，进行核实人数、订位、购票等工作。

④ 如团队活动有非常规游览项目或特殊活动安排时，应事先熟悉活动项目内容、场地安排、行车路线、联系人员、语言、知识准备等情况。

## （三）落实接待事宜

《导游服务质量国家标准》要求："地陪在旅游团（者）抵达的前一天，应与各有关部门或人员落实、核查旅游团的交通、食宿、行李运输等事宜。"

1. **掌握有关的联系方式**

导游应随身携带接待旅行社、预订的宾馆、餐厅车队、购物商店等部门及主要联系人的联系方式、电话号码，以及组团社联络人员、旅游车司机等人员的联络方式、电话号码。

2. **落实旅游车辆相关事宜**

① 与为该团提供交通服务的车队或汽车公司联系，确认司机姓名、车型、车号等。

② 接待大型旅游团队时，旅游车上应粘贴编号或醒目的标记。

③ 确定与司机的碰头地点并告知活动日程和具体时间。

3. 落实住房事宜

乡村旅游一般为一日游或二日游，如果有住宿安排，须提前询问清楚酒店详细地址、行车路线及停车场情况，如有可能，在上团前导游人员应实地探访团队下榻的酒店，熟悉酒店环境；向总服务台确认该团所使用客房的数量、类型、时间、价格是否与旅游接待计划相符合，以及房费内是否含早餐等，了解酒店设施情况；向饭店提供该团抵离店时间、交通方式、在饭店内的主要活动及具体安排。

4. 落实用餐事宜

① 熟悉团队活动期间所涉及的所有餐厅名称、位置、行车路线、停车场等情况。

② 提前与有关餐厅联系，确认该团日程表上安排的每一次用餐情况，包括：用餐时间、团号、用餐人数、餐饮标准、特殊要求以及陪同人员人数等。

③ 落实餐厅一般分为两个阶段，第一个阶段是在团队抵达本站前对用餐预订进行核实，第二阶段是在团队用餐的前一天或当天上午与餐厅联系，再次确认用餐人数和具体到达时间，以便餐厅做好接待准备工作。

④ 有些旅行社为了方便旅游团，除了由计调人员预订、安排用餐外，还为导游人员提供多家定点餐厅的联系方式，团队用餐可由导游根据行程选择定点餐厅，要求导游具备灵活的组织协调能力，合理安排用餐。

5. 其他项目落实

① 掌握并落实旅游团队住宿、餐饮、用车、计划外活动等特殊要求。

② 了解旅游团中是否有需要特殊照顾的残障人士、高龄旅游者等。

（四）物质准备

在带团过程中，导游人员应准备相应物品以顺利完成接待任务，确保导游服务质量。

1. 服务用品

是指按照一定的要求，在带团过程中必须携带、用于对旅游者服务的用品。

① 团队接待计划。它是指导导游人员开展导游接待服务的基本文件，在充分熟悉接待计划的前提下，随身携带一份加盖旅行社公章的接待计划，不得丢失。

② 相关票证。导游需要领取的票证、单据、表格包括：门票结算单、餐饮结算单、住宿结算单、集体合影照相单、旅游购物商店签单、旅游车结算单、旅游者意见反馈表等。到旅行社财务预支部分现金，用于支付不能签单结算的费用。

③ 必备证件、物品。主要包括导游证、胸卡、导游旗、接站牌、接待计划、导游图等物品。

### 2. 个人用品

是指导游人员为保证或提高接待质量,自行携带的物品。主要包括形象用品、通信工具以及其他生活用品。

### (五)形象准备

在旅游者的审美过程中,导游人员一方面扮演着美的传递者,另一方面又是旅游者所面对的审美对象。因此,在旅游过程中,导游人员自身美不只是个人行为,而是在宣传旅游目的地、传播中华文明方面起着重要作用,也有助于在旅游者心目中树立导游人员的良好形象。因此,地陪在上团前要做好仪容、仪表方面(即服饰、发型和妆容等)的准备。尤其是炎炎夏日,更要打扮得体。

形象准备是指仪表方面的准备,主要是指人的"修饰美"。人的"修饰美"一般是指服饰美、妆容美和发型美。导游员的服饰、妆容和发型必须符合自己的身份,必须方便工作;要符合自己的身体特征和年龄,也要显示出自己追求的风格,力求烘托出自己独特的气质、风度和形象。导游员的服饰打扮要整洁、大方、自然、卫生,不要浓妆艳抹、花枝招展,也不能衣冠不整、邋里邋遢。我们所说的"形象准备",并不意味着导游员只在接团前修饰打扮自己一番,而是要求导游员在日常生活中就养成习惯,随时注意自己的形象。

### (六)知识准备

导游人员的工作是以丰富的知识为基础,高超的语言技能为手段,为旅游者提供各种服务项目。因此,在旅游开始前,导游人员应根据旅游团的计划和旅游团的性质和特点准备相应的知识。

① 根据接待计划上确定的参观游览项目,就翻译、导游的重点内容,做好外语和介绍资料的准备。

② 接待有专业要求的团队要做好相关专业知识、词汇的准备。

③ 做好当前的热门话题、国内外重大新闻、旅游者可能感兴趣的话题等方面的准备。

### (七)心理准备

导游人员应具有良好的心理素质,拥有良好的心理状态,这是导游接待工作的必要条件。充分的心理准备,能够帮助导游人员克服许多工作中出现的困难和障碍。导游人员在接团前的心理准备主要有两个方面。

### 1. 准备面对艰苦复杂的工作

在做准备工作时,导游人员不仅要考虑到正规的程序要求提供给旅游者热情的服务,还要有充分的思想准备考虑对特殊旅游者如何提供服务。不能只考虑到按规定的工作程序要求为旅游者提供热情服务的方面,还要有遇到问题、发生事故时应如何去面对、去处理，对需要特殊服务的旅游者应采取什么措施等各种思想准备。有了这些方面的心理准备，导游人员就会做到遇事不慌，遇到问题也能妥善迅速地处理。

2. 准备承受抱怨和投诉

由于导游工作手续繁杂，工作量很大，工作内容极为复杂，有时可能遇到下述情况：导游人员已尽其所能热情周到地为旅游团服务，但还会有一些旅游者挑剔、抱怨、指责导游人员的工作，甚至提出投诉。对于这种情况，导游人员也要有足够的心理准备，冷静、沉着地面对。只有对导游工作有着执着的热爱，才会无怨无悔地为旅游者服务。

### ◆【案例分析】

某地接社导游小张于2013年12月15日下午15：30带团赶到故宫博物院售票处，正在她准备买票的时候，售票窗口"嘭"的一声关上了。她急忙询问原因，售票人员告诉她：故宫博物院开始实行淡季时间表，下午三点半停止售票。由于客人第二天上午就要乘飞机飞往杭州，将无缘故宫博物院，小张努力地解释和恳请，最终也没能带客人进去。这是什么原因造成的呢？

（资料来源：导游实务案例）

分析：导游员在上团之前一定要做好充分的准备，才能在引领的过程中起到良好的效果，对于熟悉的景点要进行温习，更新常规知识；对于不熟悉或刚开放的新景点，一定要到实地考察熟悉，掌握第一手的资料，如概况、开放时间、售票处、特色、管理条例等。本案例中，导游人员由于事先没有对故宫博物院的淡旺季时间进行特殊的知识准备，无意中给整个旅游团留下了遗憾。

### ◆【技能训练】

#### 设计"京郊亲子主题活动"旅游团接待准备计划表

训练安排：

① 每6～8人为一个团队；

② 每个团队选出队长，将成员进行角色分配，分为导游员、计调、大巴司机、大兴区北京野生动物园售票处、庞各庄老宋瓜园旅游者服务中心、盘龙翠谷极地冰雪大世界联系人、餐厅等工作人员；

③ 根据任务情境为导游员杨慧提供一份完整的接待服务准备计划单，搜集相关的资料，提炼导游员迎接准备工作的相关资料，选出一名代表发言；

④ 教师点评，评价考核内容如下表所示。

**评价考核表：导游员迎接准备服务技能考核表**

| 学习目标 | 评价内容 | 分值 | 教师评价 |
|---|---|---|---|
| 基本知识 | 迎接准备的程序 | 15 | |
| | 团队接待计划表 | 10 | |
| | 景点知识储备 | 15 | |
| 专业能力 | 联络用车、景区、用餐、住宿等 | 15 | |
| | 熟悉并分析接待计划 | 15 | |
| | 落实个人形象、语言和心理准备 | 10 | |
| 职业态度 | 工作态度 | 10 | |
| | 团队合作意识 | 10 | |

## 任务二　迎客服务

### ◆【任务情境】

李林在北京做导游已经有两年时间了，周末他总会带乡村旅游的散客团队，每次他都能轻松应对，事半功倍。这次他又要接待26人的散客拼团。李林像往常一样早起和司机师傅一起沿三环路接旅游者，经过一个多小时不同站点的接客，26名客人都坐到了大巴车上，李林顺利地接到自己的客人，接下来他要如何做才能给他们留下良好的第一印象呢？

### ◆【任务分析】

迎客服务是导游员带团工作的重要环节，虽然短暂却至关重要。漂亮的接团等于成功了一半，因为旅游者初到目的地总是怀有新奇、疑虑甚至挑剔的心理，导游人员如果善于把握旅游者这一阶段的心理特征，以规范的程序、优雅的仪态和超前的工作方式迎接旅游者，就能较快地消除与旅游者的陌生感，激起他们旅游的兴趣，为整个旅游活动的顺利进行奠定良好的基础。

◆【知识链接】

《导游服务质量国家标准》要求:"在接站过程中,地陪服务应使旅游团(者)在接站地点得到及时、热情、友好的接待,了解在当地参观游览活动的概况。"

迎客服务工作在导游服务程序中至关重要,因为这是导游在旅游者面前的第一次亮相,是和旅游者的第一次直接接触。旅游者每到一地总会有一种新的期待,因此,导游的接站服务要及时、热情、友好、干练,给旅游者留下良好的第一印象。这一阶段的工作直接影响着以后接待工作的质量。

### (一)迎客前的准备工作

接团当天,导游应提前到达旅行社,全面检查准备工作的落实情况。

**1. 落实旅游团抵达的准确时间及接站的准确地点**

接团当天,导游提前到旅行社证实或打电话询问旅游团的计划有无变更。出发前,向机场(车站、码头)问讯处确认旅游团所乘坐交通工具到达的准确时间。一般情况下应在飞机抵达前的2小时,火车、轮船预定到达时间前1小时向问讯处询问,导游应提前30分钟到达机场、车站。到达后再次核实交通工具的抵达时间,做到三核实:即计划时间、时刻表时间、问讯时间,并在出站口持旅行社标志(接站牌、导游旗等)等候迎接旅游团。

对于散客拼团,导游要核实接站的准确地点和时间,对不熟悉的地点提前查询地图,接站站点安排尽量做到由近及远、不走回头路,接站时间也按照站点之间的距离作合理安排,并提前告知旅游者。

**2. 与旅游车司机联系**

导游应与旅游车司机提前联系,与其商定出发时间,确定会合地点,确保提前半小时抵达接站地点。

导游与司机应提前掌握机场、火车站等接站地点周围的停车场分布情况,掌握不同停车场停靠车型的情况(大车、小车)、公共交通(机场大巴、公交车、轻轨)的情况等。

在前往接站地点途中,导游要把该旅游团的日程安排介绍给司机。

如需要使用音响设备导游讲解,导游应事先调试音量,以免发生噪声。

**3. 迎候旅游团**

在旅游团出站前,导游应持本社导游旗或接站牌,站在出口处醒目的位置,热情迎接旅游者。接站牌上应写清旅游团的团名、团号;询问旅游者的姓名、单位或客源地。导游也可以从组团社的社旗或旅游者的人数及其他标志,如所戴的旅游帽、所携带的旅行包或上前委婉询问等方式,主动认找旅游团。

## （二）迎客后的服务

### 1. 认真核实防止错接发生

旅游者所乘班次的客人出站时，导游要设法尽快找到所接旅游团。导游可高举接站牌站在醒目的地方，以便旅游团的领队和全陪前来联络；同时也可根据接待计划中旅游团的主要特征，如旅游者的民族特征、衣着特征、语言特征、组团社的标记以及旅游团队统一的标志物等作出判断。找到旅游团后，为防止错接，导游应及时与全陪接洽，核实该团的客源地、组团社或交团社的名称、全陪姓名、旅游团人数等。如该团为散客拼团，导游需及时向出站旅游者询问、核对团员、客源地及团员姓名等，无任何出入才能确定是自己应接的旅游者。并持旅行社标志迎候客人，及时发现和召集旅游者，把旅游者安排在指定的位置集合。

### 2. 核实人数

旅游团得到确认后，导游还要立即核实准确到站人数，如因故出现人数增加或减少与计划不符的情况，要及时通知旅行社有关部门，以便争取时间变更预定项目的数量，避免经济损失。

### 3. 集合等车

上述工作完成后，导游应提醒旅游者带齐手提行李和随身物品，引导其前往乘车处。为确保团队的安全，导游应高举导游旗，以适当的速度走在团队的前面引导旅游者；同时还要请全陪走在旅游团的最后面照顾旅游者。

抵达停车场前与旅游车司机取得联系，请其打开旅游车空调、行李箱门。将旅游团带领到停车场旅游车旁，指导和协助旅游者将大件行李放置在行李箱中，提醒旅游者将贵重物品随身携带。

旅游者登车时，导游应恭候在车门旁，微笑注视并协助旅游者上车就座。待所有旅游者上车后，礼貌地清点人数（不可用手指点人，要默数，与客人点头致意）并检查放在行李架上的物品是否放稳，确认无误，待旅游者坐稳后请司机开车。

### 4. 如果没有接到应接的旅游者，导游人员应做到以下几点

① 询问机场或车站、码头的工作人员，确认本次航班、列车、轮船的客人是否已经全部进站或进港，以及在隔离区内的旅游者。

② 与司机配合，在尽可能的范围内寻找至少20分钟。

③ 与散客下榻的饭店联系，如果散客已经入住饭店，导游员应主动与其联系，并表示歉意。

④ 若确实找不到应接的散客，与计调人员联系并告知情况。

⑤ 当确定迎接无望时，须经计调部或散客部同意后方可离开。

## （三）沿途导游服务

导游集合了全体旅游者，带领旅游者离开机场（车站、码头）前往所下榻的

饭店或旅游景点，车上的沿途导游服务是导游第一次在全体旅游者面前较为正式地展示自己的业务水平和个人魅力，也是导游给全团留下良好的第一印象的重要环节。导游在此过程中要做好以下几方面的工作。

1. 致欢迎词

致欢迎词是导游第一次与旅游者进行信息交流和情感交流。成功地完成这个环节，能够使导游在旅游者面前树立良好的形象和较好的威信，激发其游兴，为建立良好的对客关系，保障旅游计划的顺利实施奠定了基础。

致欢迎词应把握好时机，因为旅游者初到一地，对周围环境充满了新奇感，左顾右盼，精神不易集中，这时讲解，往往效果不好。一般应在旅游者摆放好物品、各自归位、静等片刻，等大家情绪稳定下来后，再开始致欢迎词。

欢迎词的内容应视旅游团的性质及其成员的文化水平、职业、年龄及居住地区等情况而有所不同。欢迎词要求有激情、有特点、有新意、有吸引力，给旅游者以亲切、热情、诚恳、可信之感，要避免华丽的辞藻堆砌，也要避免简单敷衍，缺乏对旅游者的尊重。

通常，欢迎词一般包括如下内容：
① 代表所在旅行社、本人及司机欢迎旅游者光临本地；
② 介绍自己的姓名及所属旅行社；
③ 介绍司机姓名、所属旅游汽车公司、车牌号码；
④ 表达提供优质服务的诚挚愿望，希望合作，欢迎提出宝贵意见等；
⑤ 预祝旅游活动愉快顺利。

2. 首次沿途导游

首次沿途导游是导游接到旅游团队后的第一次导游讲解。旅游者初到异地，充满了强烈的好奇心，所以，导游必须做好首次沿途导游，这个环节既可以满足旅游者的好奇心和求知欲，又是一次显示导游人员知识、导游技能和工作能力的大好机会。精彩成功的首次沿途导游会使旅游者产生信任感和满足感，从而在他们的心目中树立起导游人员的良好的第一印象。

首次沿途导游的内容可以视路途的远近合理组合，一般可以讲解以下内容。
① 当地概况。包括当地的历史、地理、人口、民族、文化传统、社会生活、风物特产、经济发展等。
② 风光导游。地陪在为旅游团做沿途风光导游时，应选择有代表性的景物。讲解时要注意触景生情、点面结合、简明扼要；要"眼疾嘴快"，善于察言观色、随机应变、见人说人、见物说物，即注意使讲解速度与旅游车进行的速度一致，准确地对景物进行描述。
③ 风情介绍。地陪在进行沿途风光的介绍时，可向旅游者介绍当地的政治、经济、历史、文化、风土人情、风物特产及注意事项，还可以适时地介绍市容市貌及城市发展概况。可以说，风情介绍是对风光导游的必要补充，是在风光导游

基础上的进一步发挥和延伸。

④ 行程安排。简要地介绍一下旅游团在本地的行程安排。

⑤ 介绍下榻的饭店。在旅游车快到下榻的饭店时，地陪应向旅游者介绍该团所住饭店的基本情况：饭店的名称、位置、距机场（车站、码头）的距离、星级、规模、发展历史、提供的服务项目、主要设施和设备及其使用方法、入住手续及注意事项。

3. 宣布入住后的活动安排

抵达饭店后，地陪应在旅游者下车前及时宣布入住后的活动安排，包括活动内容、集合时间、地点、活动要求、注意事项、并提醒旅游者记住所乘车辆的车牌号码、颜色、车型、顺序号等便于识别的记号。

4. 车上的其他服务

① 发放旅游宣传品、景点介绍、旅游图、纪念品等。

② 讲解注意事项：如饮食安全、卫生、财务安全、地方风俗、团队活动、注意事项等。

## ◆【案例分析】

### 欢迎词示例

女士们、先生们：

大家好！欢迎你们来到延庆，"春有百花秋有月，夏有凉风冬有雪，若无闲事挂心间，便是人间好时节"，很荣幸认识大家，更荣幸成为大家此行的导游，带领大家一起游览夏有凉风的避暑胜地——延庆。

首先让我代表××旅行社欢迎各位朋友的到来。请允许我做一下自我介绍：我姓×，叫××，是××旅行社（旅游公司）的专职（兼职）导游员。这位驾车的司机先生姓×，叫××，是××汽车公司的职员。他驾驶汽车已经有二十几年了，大家大可放心，车牌号码请大家一定记住×××××，今天我们就要一路与它为伴了。接下来在北京的行程就由我和×师傅共同为大家服务，相信我们默契的配合，热情周到的服务，会让大家在延庆度过一个快乐、难忘而有意义的旅途。真诚地希望我们今天的服务能够使大家满意。

有道是"千里有缘来相会"，我们同一时刻走到一起，相聚在这小小的车厢里，这就是缘分！所以，我建议大家能够相互认识一下，好不好？（旅游者每人做自我介绍，导游顺便夸赞旅游者或小做调侃，以活跃气氛，增强与客人的感情！）

好，从现在起，我们大家就算认识了，相信各位朋友都能十分珍惜人生旅程中这段同行的缘分，在今天的旅游活动中彼此关照，进一步加深我们的友谊。

我们已经驱车离开市区，驶上了京藏高速原八达岭高速公路，半个小时之后我们将会进入延庆区，延庆位于北京的西北部，因为冬暖夏凉，素有"夏都"之称。旅游是一种体验，更是一种生活，乡村是一幅看不够的画，是一首读不完的诗。不妨让我们在这个周末走进秀美乡村，饱览湖天一色，漫步在龙庆峡谷，品尝农家豆腐宴。

我们今天的路线，是这样安排的：驱车到达八达岭脚下的岔道民俗村参观游览，感受古民居，中午到柳沟品尝豆腐宴，下午我们将到千家店，沿百里画廊感受人在画中游的情境，晚上在度假村入住。

大家尽管放松身心在延庆尽情享受旅游的乐趣，我们一定会尽力为大家做好各种服务，希望在延庆的这两天能够成为您旅途中最美好的回忆。我和司机先生将努力工作，让大家有个成功的旅行，祝大家旅游愉快！

分析：从上车开始的短短5～10分钟时间里，通过导游的语言，调动起旅游者参观的兴趣，增加旅游者的信任感，拉近与旅游者之间的距离，融洽气氛，让旅游者感到轻松愉悦，消除旅游者的陌生感及紧张感，为整个旅程开一个好头。

## ◆【技能训练】

### 李林散客接站服务

训练安排：

1名同学模拟导游李林，1名同学模拟司机，其他3～4名同学模拟散客，10分钟后轮换。主要考查导游员的接站服务程序：

① 提前联系，设计接站路线及接站时间；

② 确认旅游者，佩戴旅行社社旗、接站牌，主动询问并接不同站点的旅游者，防止漏接、错接；

③ 核对人数，核对旅游者姓名、身份证、联系电话，如有人数变化及时调整订餐或订房；

④ 致欢迎词，要求内容符合要求，语言活泼，具有吸引力，能够调动大家的兴趣。

⑤ 教师点评，评价考核内容如下表所示。

**评价考核表：导游员迎客服务技能考核表**

| 学习目标 | 评价内容 | 分值 | 教师评价 |
| --- | --- | --- | --- |
| 基本知识 | 导游接站的基本程序 | 15 | |
| | 欢迎词的内容 | 15 | |
| | 沿途知识储备 | 10 | |
| 专业能力 | 认找旅游团 | 15 | |
| | 联系和协调能力 | 10 | |
| | 语言表达能力 | 15 | |

续表

| 学习目标 | 评价内容 | 分值 | 教师评价 |
|---|---|---|---|
| 职业态度 | 工作态度 | 10 | |
| | 团队合作意识 | 10 | |

## 任务三　入住酒店及用餐服务

◆【任务情境】

北京青年旅行社的导游员悦悦接到一个团队接待计划——北京市某摄影协会，一行12人，其中8男4女，目的是参观并拍摄北京明清古村落。大巴接到旅游者前往门头沟斋堂镇，悦悦一路上热情洋溢地做沿途介绍，旅游者的热情完全被调动起来了，她相信给旅游者留下了较好的第一印象。但是，真正的考验还在后面呢，一名旅游者刚刚告知是少数民族，用餐时需要单独安排；计调又打来电话，原来预订的客栈因为房间数量有限，需要调整5名旅游者到另一家客栈。如何安排好旅游者的用餐及入住，这是悦悦面临的问题。

◆【任务分析】

对于两、三日游的旅游团队，迎接到旅游团驱车到京郊参观旅游后，导游需要安排旅游者的用餐及办理入住手续，让旅游者在游玩一天后可以尽早进入房间休息。餐饮及酒店调整需要与旅行社及旅游者商议，并告知和安抚旅游者，安排好旅游者顺利地入住、吃好第一顿饭，保证旅游者得到良好的休息，是导游应该做的事情。

◆【知识链接】

（一）介绍酒店的情况

介绍酒店主要讲下榻酒店的位置、星级标准、设施情况、建筑特色等，尤其应对酒店设施的使用加以说明，提示工作可以在旅游团抵达酒店前的旅游车上完成。另外，还要提示旅游者在进入房间后将室内设施全面地看一遍，如有破损的物品及时请客房部给予更换。

1. 介绍房间中的收费项目和免费项目的使用

① 长途电话。如果旅游者需要在房间内拨打国内长途或国际长途需到酒店前台办理开通业务,费用计入个人消费。

② 网络。一般酒店均会配置网络设施,但开通有些是要付费的,如客人需要,请其向酒店了解后再使用。

③ 自费酒水、食品。三星级以上的酒店房间里会配备冰箱等设施,会摆放小吃、酒水等物品,每个房间除免费的矿泉水外,其余均是要付费的,提醒旅游者一定要注意。

④ 卫生间里的标价物品。除房间里会摆放收费物品外,卫生间也会摆放,如个人洗漱用具套装、药物洗涤用品、安全套等,也要对旅游者做出提示,请旅游者看好价格后再行使用。

⑤ 收费电视节目。在一些星级酒店中还会设置收费电视节目,电视上会放置使用说明及收费标准,提醒旅游者在进行电视选台时要注意看清说明,如果由于误操作遥控器产生费用应由旅游者承担。

⑥ 洗衣服务。要洗的衣物,放入洗衣袋内,提醒旅游者注意收费标准。

2. 介绍饭店设施

进入饭店后,地陪应向全体旅游者介绍饭店内的服务设施和分布情况。

① 介绍外币兑换处、中西餐厅、娱乐场所、商品部、公共洗手间等设施的位置,并讲清住店注意事项,指明电梯和楼梯的位置。

② 说明旅游者所住楼层和开启门锁的方法。目前各大酒店门锁多为感应式钥匙(房门磁卡),磁卡的种类繁多,大体分为插卡式、感应式。对此,地陪应当向旅游者讲解使用方法,以利于旅游者顺利地打开房门。

③ 中央控制台。进入房间后,应将房卡插入电槽,房间内会通电,多数电器的控制开关一般由设置在床头附近的中央控制台控制。

④ 电视。了解电视开关情况,电视有台式和壁挂式,要清楚电源开关的位置。

⑤ 保险柜。三星级以上的酒店会在门厅的壁橱里安置保险柜,供旅游者存放贵重物品,提示旅游者在使用保险柜时注意保密,并牢记密码。

⑥ 卫生间内设施:冷热水、吹风机、体重秤等。

⑦ 电源插座:包括电压指数和几头插座。

(二)入住酒店的相关服务

1. 协助办理入住手续

① 旅游者抵达下榻的饭店后,导游可在饭店大堂内指定的位置让旅游者集中等候。

② 尽快向饭店总服务台讲明团队的名称、订房单位,提供旅游团名单,办

理入住登记手续，帮助填写入住登记表。拿到房间钥匙后，分发住房卡。

③ 导游要掌握团员的房间号，并将与自己联系的方法告知旅游者，以便有事时尽快联系。

### 2. 宣布当日或次日活动安排

在旅游者进入房间之前，导游应向全团宣布有关当天或第二天活动的安排、集合的时间、地点。如该团中有提前入住的旅游者，必须通知他们次日的出发时间及活动安排。

### 3. 带领旅游团用好第一餐

第一次用餐是导游为旅游者提供的又一项第一次服务，本次服务质量的好坏也影响着今后工作的开展。因此导游应仔细安排好这项工作。

① 提前了解旅游者在用餐方面的特点和要求，认真记录。连同就餐人数、用餐标准、具体用餐时间通知给餐厅的工作人员。

② 虽然导游已将用餐的时间、地点、用餐方式和注意事项通知给旅游者，但因为是第一次用餐，导游最好亲自带领旅游者进入餐厅，引导旅游者就座。

③ 待旅游者落座后，导游应向旅游者介绍就餐的相关规定及费用标准。

④ 在用餐过程中，导游要经常到旅游者餐桌前帮助旅游者解决一些问题。

### 4. 落实叫早事宜

导游在结束当天的活动离开饭店之前，应与旅游者商定第二天的叫早时间，并通知全团旅游者，将叫早的时间、房号和叫早的方式通知饭店总服务台或楼层服务台。

### 5. 协助处理旅游者入住后的临时性问题

旅游者进入房间后，可能会发生一些临时性问题。因此，导游应在本团旅游者居住区内停留一段时间，处理这些临时发生的问题，如：客房质量问题、行李投错问题、旅游者要求调换房间及提出个人需求等，导游要协助饭店有关部门处理此类问题。

## （三）餐饮服务

### 1. 计划内的团队便餐

导游要提前按照接待社的安排落实本团当天的用餐，对午、晚餐的用餐地点、时间、人数、标准、特殊要求与供餐单位逐一核实并确认。用餐时，导游应引导旅游者进餐厅入座，并介绍餐厅及其菜肴特色；向旅游者说明餐标中是否含酒水及其酒水的类别。

讲清司陪人员的用餐地点及用餐后全团的出发时间。

用餐过程中，导游要巡视旅游团用餐情况一两次，解答旅游者在用餐中提出的问题，并监督、检查餐厅是否按标准提供服务并解决出现的问题。

用餐后，导游应严格按实际用餐人数、标准、饮用酒水数量，填写"餐饮费结算单"与餐厅结账。

2. 自助餐的服务

自助餐是旅游团队用餐常见的一种形式,是指餐厅把事先准备好的食物、饮品陈列在食品台上。旅游者进入餐厅后,即可自己动手选择符合自己口味的菜品,然后到餐桌上用餐的一种就餐形式。自助餐方便、灵活,用餐者可以根据自己的口味,各取所需,因此深受旅游者欢迎。在用自助餐时,导游员要强调自助餐的用餐要求,告诫旅游者以吃饱为标准,注意节约、卫生,不可以打包带走。

3. 风味餐的服务

风味餐是旅游团经常举行、广受欢迎的一种用餐形式,以品尝具有地方特色的风味佳肴为主,形式自由、不排座次。

旅游团队的风味餐有计划内和计划外两种。计划内风味餐是指在旅游行程计划中明确规定,其费用已经包含在旅游者支付的包价内;计划外风味餐则是指未包含在计划内的,由旅游者临时决定而又需要现收费用。计划内风味餐按团队计划、标准执行即可;而计划外风味餐应先收费,后向餐厅预订。

风味餐作为当地的一种特色餐食、美食,是当地传统文化的组成部分,宣传、介绍风味餐是弘扬民族饮食文化的活动。因此,在旅游团队用风味餐时,导游应加以必要的介绍,如风味餐的历史、特色、人文精神及其吃法等,能使旅游者既饱口福,又饱耳福。

在用风味餐时,作为地陪,如没有旅游者出面邀请则不可参加;在受旅游者邀请一起用餐时,则要处理好主宾关系,不能反客为主。

4. 宴会服务

旅游团队在行程结束时,常会举行告别宴会。告别宴会是在团队行程即将结束时举行的,因此,旅游者都比较放松自己,宴会的气氛往往比较热烈。作为导游,越是在这样的时刻越要提醒自己不能放松服务这根"弦",要正确处理好自己与旅游者之间的关系,既要与其共乐而又不能完全放松自己,举止礼仪不可失常,并且要做好宴会结束后的送别工作。

◆【补充资料】

### 北京风味小吃

北京物产丰富,交通发达,自古为中国北方重镇和著名都城,长期是全国政治、经济、文化中心,各地著名风味食品和名厨高手云集京城,各民族的饮食风尚也在这里互相影响和融合,经过历代着意耕耘,博采众长,推陈出新,逐渐形成了别具一格、自成体系的北京地方风味菜。

1. 炒肝

炒肝是北京特色风味小吃。具有汤汁油亮酱红,肝香肠肥,味浓不腻,稀而不腻的特色。北京炒肝历史悠久，是由宋代民间食品"熬肝"和"炒肺"发展而来，清同治年间，会仙居以不勾芡方法制售，当时京城曾流传"炒肝不勾芡——熬心熬肺"的歇后语。吃炒肝时应就着小包子沿碗周围抿食。

2. 爆肚

爆肚是北京风味小吃中的名吃，最早在清乾隆年间就有记载，多为回族同胞经营。老北京有"要吃秋，有爆肚"的说法，而且老人都很讲究在立秋的时候吃爆肚。北京比较有名的有天桥的"爆肚石"，东安市场的"爆肚王"、后门的东兴顺"爆肚张"，其他还有"爆肚杨""爆肚冯"、菜市口"爆肚满"。叫"爆肚冯"的早年间有两家，都是由姓冯的山东人在光绪年间创立的，一家初创于门框胡同，号称"后门桥爆肚冯"，一家一直开在东安市场（就是现在的"金生隆"）。这两家一南一北，口味一重一轻，都用爆肚冯的招牌一直相安无事。直到前不久，门框胡同的"爆肚冯"率先注册了"爆肚冯"的商标，"金生隆"只能蒙上"冯"字，仅留下"爆肚"两字。

3. 灌肠

灌肠是北京独特的风味小吃，在明刘若愚《明宫史》中就有所记载。灌肠的色泽粉红，鲜润可口，咸辣酥香，别有风味。清光绪年间福兴居的灌肠很有名气，人称普掌柜的为"灌肠普"，传说其制作的灌肠为慈禧太后所喜。各大庙会所卖灌肠是用淀粉加红曲所制。据说最初的灌肠是用猪小肠灌绿豆粉芡和红曲，蒸熟后，外皮白色，肠心粉红。后来由于猪小肠与淀粉不相合，就用淀粉搓成肠子形，上锅蒸，但保持了灌肠的名称。再以后也不用绿豆粉了，颜色也不像以前的那样好看。老北京的灌肠以长安街聚仙居的为最好。

4. 豆汁

豆汁是北京久负盛名的传统风味小吃，具有色泽灰绿，豆汁浓醇，味酸且微甜的特色。豆汁是北京具有独特风味的冬、春季流食小吃。尤其是老北京人对它有特殊的偏爱。过去卖豆汁的分售生和售熟两种。售生者多以手推木桶车，同麻豆腐一起卖；售熟者多以肩挑，一头是豆汁锅，另一头摆着焦圈、麻花、辣咸菜。

5. 茶汤

茶汤是北京传统风味小吃。茶汤味甜香醇，色泽杏黄，味道细腻耐品。清嘉庆年间的《都门竹枝词》中有"清晨一碗甜浆粥，才吃茶汤又面茶。"老北京人讲究喝前门外的聚元斋和天桥的茶汤李。1997年12月，北京天桥茶汤李饮食店制作的茶汤，被中国烹饪协会授予首届全国中华名小吃称号。

6. 豌豆黄

北京的豌豆黄分宫廷和民间两种。豌豆以张家口出产的花豌豆最好。豌豆黄是北京传统小吃，同芸豆卷一起传入清宫。宫里吃的时候通常装在精致的盒子里。

（资料来源：北京市旅游局编著的《北京导游基础》）

◆【技能训练】

通过本任务的实训，使学生熟悉入住酒店的服务程序，能完成导游服务工作。训练内容：

1. 入住酒店服务，协助办理住店手续
2. 实训案例导入

案例：从机场接来了22名从内蒙古来的旅游者，他们是散客拼团，大家相互不太熟悉，有7对夫妻，其中两家带着两个十岁左右的孩子；一对夫妻都是70岁左右的老人，由同他们一起来的女儿照顾着；另外还有3个女士是形影不离的闺蜜。地陪和全陪询问完情况后，就陷入了沉思，一会儿办理酒店入住该如何分房呢？

3. 实训总结

① 学生互评。
② 教师点评。
③ 汇总实训成绩，实训评价表见下表所示。

**实训评价表**

| 评价项目与内容 | | 小组评价 | 教师评价 | 企业评价 |
|---|---|---|---|---|
| 课前准备<br>（10分） | 下发计划准备 | | | |
| | 分组准备 | | | |
| 程序完整规范<br>（60分） | 入住酒店服务规范程序 | | | |
| | 酒店介绍及办理入住 | | | |
| | 核实接待计划规范程序 | | | |
| | 游览服务规范程序 | | | |
| 应变能力<br>（20分） | 遇事情绪稳定、思维敏捷、考虑问题周到，能够及时妥善处理突发事件和特殊问题 | | | |
| 职业素养<br>（10分） | 工作积极态度<br>团队合作意识 | | | |
| 总成绩 | | | | |

# 任务四　参观游览服务

◆ 【任务情境】

2017年4月底,北京某旅行社接到一单任务:西安旅游团16人,将于5月2日下午乘高铁到达北京。旅行社通知导游李琳,这个团由她负责接待,具体游览项目及行程安排,如下表1-1所示。

**表1-1　XX旅行社团队接待计划表**

团号:BJ20130502　　　　　　　　　　　　　　　　　日期:2017年5月2～5日
组团社:××旅行社　　　　　　　　　　　　　　　　人数:13.3+1人
车队:××汽车公司　　　　　　　　　　　　司机:李师傅　联系电话:1234567
全陪:王小姐　　　　　　　　　　　　　　　地陪:李琳　　联系电话:7654321

| 抵达时间 | 5月2日乘G656次高铁15:38分抵达北京 | | |
|---|---|---|---|
| 日 | 行程安排 | 餐厅 | 备注 |
| D1 | 接站:北京西站接站,沿途观北京市容,入住酒店,在酒店共用晚餐,晚上导游通知第二天集合时间 | 晚餐:×× | 下榻:××酒店<br>7个标准间<br>2名儿童不占床 |
| D2 | 早餐后,看世界上最大的城市中心广场——天安门广场、瞻仰毛主席遗容(政策性关闭,观外景),参观人民英雄纪念碑(1.5小时),游皇家宫殿建筑群——故宫博物院(2小时),游景山公园;黄包车游老北京胡同,参观恭王府,参观北京最古老的、列规划中的25片旧城保护区的南锣鼓巷。晚上在东华门小吃街品尝全国各地小吃,逛王府井步行街、天主大教堂、王府井百货大楼等著名的建筑景观(1.0小时)(晚餐自理) | 早:酒店<br>中:××<br>晚:××(小吃) | 如有儿童超高,需补交门票差价 |
| D3 | 早餐后乘车前往世界闻名的万里长城,游览八达岭长城(约3小时),八达岭长城旅游者众多,建议乘坐观光缆车。<br>12:00安排午餐。<br>13:00抵达明十三陵,游览明十三陵(约2小时);参观明皇蜡像宫,自愿参加,门票自理。购物点1。<br>17:00参观奥林匹克公园,奥运会主馆"鸟巢"、国家游泳中心——"水立方"外景(1.0小时)。<br>晚上自费欣赏冰上杂技舞蹈秀——幻境极光 | 早:酒店<br>中:××<br>晚:烤鸭 | 娱乐:杂技 |
| D4 | 早餐后游世界上最大的祭天建筑群——天坛公园(1.5小时)。购物点2。<br>午餐后,参观圆明园遗址公园、游世界上最美的皇家园林——颐和园(2小时) | 早:酒店<br>中:××<br>晚:涮羊肉 | 购物:2个购物定点商店 |
| D5 | 5月6日乘G655次高铁10:05分返回西安 | 早:酒店 | |

项目三　乡村旅游导游工作流程

续表

| | | | |
|---|---|---|---|
| 抵达时间 | | 5月2日乘G656次高铁15：38分抵达北京 | |
| 说明 | 门票单：购物单：2张　餐单：6张 | | |
| | 房单：1张　意见表：13份 | | |
| 旅行社联系电话：010-12345678 | | | |

组团人：×××　　联系方式：12345678　　　　　　　　日期：2017年4月28日

### ◆【任务分析】

参观游览活动是旅行活动中最重要的部分，是旅游者购买旅游产品的核心内容，也是导游服务的中心环节。因此，导游必须按照标准要求，认真准备、精心安排、热情服务、生动讲解，使旅游者详细了解参观游览的对象的历史背景、景观特色、艺术价值、形成原因，以及旅游者感兴趣的其他问题。

### ◆【知识链接】

#### （一）出发前的服务

**1. 提前到达出发地点**

出发前，导游与旅游车司机进行联系，应提前10分钟到达集合地点，在约定的位置等候旅游者，并做好车内的各项准备工作。导游提前到达的目的如下：

① 导游可利用这段时间礼貌地招呼早到的旅游者，表现出导游人员对工作的认真负责，会给旅游者留下很好的印象。

② 听取旅游者的意见和要求，回答旅游者的提问，可以建立友好和谐的对客关系。

③ 在时间上留有余地，以身作则遵守时间，应付紧急突发事件，提前做好出发前的各项准备工作。

**2. 核实实到人数**

登车前，导游要核实旅游者是否全部到达。若发现有旅游者未到，导游应向领队或其他旅游者问明原因，并设法及时找到；若有的旅游者愿意留在饭店或不随团活动，导游要问清情况，得到旅游者本人和领队的确认后，进行妥善安排，必要时报告饭店有关部门。

**3. 落实旅游团的当天用餐**

导游要提前落实本团当天的用餐，对午、晚餐的用餐地点、时间、人数、标准、特殊要求等逐一落实并予以确认。

### 4. 提醒注意事项

出发前，导游应向旅游者预报当日的天气，游览景点的地形特点、行走路线的长短等情况，必要时提醒旅游者带好衣服、雨具、换上舒适方便的鞋。同时提醒旅游者带好房卡，并详细记下下榻饭店的地址、通信方式等，以备旅游者一旦走失能够安全返回饭店。

### 5. 准时集合登车

旅游者登车前，导游应礼貌地清点人数，恭候在车门一侧，热情地招呼对方，微笑着协助旅游者上车。上车后，导游还要再次清点人数，并妥善地安置好旅游者随身携带的物品。待所有旅游者坐稳后，宣布出发。

## （二）途中导游服务

### 1. 当日活动安排介绍

开车后，导游首先应向旅游者介绍当天的天气情况，再向旅游者重申当日活动安排，包括参观景点的名称、途中所需时间、午晚餐的时间、地点以及购物、娱乐项目的计划安排等。行车途中，导游一般站立在车厢内前部，背靠导游背板，作沿途导游（图1-1）服务。

### 2. 重点话题

导游要关注新闻和当时发生的国内外重大事件等，及时向旅游者介绍，如旅游者较为关注的体育赛事、名人、时政、重大事件等。

除此之外，导游应结合当地发展、历史传统、文化内涵、民俗事项等几个能够使旅游者感兴趣的话题，在旅游车上为旅游者介绍。

图1-1　途中导游服务

### 3. 沿途风光导游

在前往景点的途中，导游应根据旅游者的兴趣爱好和沿途景物的变化，向旅游者介绍本地的风土人情、自然景观，并回答旅游者提出的问题。

### 4. 介绍游览景点

抵达景点前，导游应向旅游者介绍该景点的简要概况，尤其是景点的历史价值和特色，目的是满足旅游者想要事先了解景点相关内容的心理，激发其游览景点的欲望。

但要注意的是，讲解要简明扼要、不要过于具体，以免降低旅游者实际游览观光时的兴趣。

### 5．活跃气氛

如旅途长，可以讨论一些旅游者感兴趣的国内外问题，或做主持人组织适当的娱乐活动等来活跃气氛。

◆【补充材料】

旅游车上常做的游戏活动

在带团过程中，导游员不妨掌握一些娱乐活动，以便在适当的时候活跃气氛。比如："走一步，扭一扭，见到一棵柳树搂一搂""走两步，扭两扭，见到两棵柳树搂两搂"……；或者是"一只青蛙一张嘴，两只眼睛四条腿，扑通一声跳下水""两只青蛙两张嘴，四只眼睛八条腿，扑通扑通跳下水"等，以此类推。要求是客人必须用普通话讲，前面一个人说完，后面的人要紧跟着讲，并且不允许停顿，导游员也要参加，谁说不下来，就要表演一个节目！

再如：大家坐在车上运动运动，下面我就带大家做个有技巧又活血的手部运动。请各位朋友，先伸出我们的右手，然后再伸出左手的一根手指，敲击我们右手手心的劳宫穴，这样就能达到舒筋活血又安神的功效，当我喊"一二三四五六七八"的时候，各位朋友用一根手指敲打劳宫穴，当我喊"二二三四五六七八"的时候，各位朋友用两根手指敲打劳宫穴，依此类推。下面我就开始了，大家听我的节拍一起做动作，很好。感谢大家雷鸣般的"掌声"。

做完游戏，可以让旅游者猜猜脑筋急转弯或地名：

1. 脑筋急转弯：

最难吃的一道菜——炒鱿鱼；

最多同名的妹妹——打工妹；

最神气的领子——白领；

一片青草地（打一种花名）——梅花；

又一片青草地（还是一种花名）——野梅花；

来了一只羊（打一种水果）——草莓；

又来了一只狼（还是一种水果）——杨梅；

又来了一群羊（打一种小食品）——喜之郎；

2. 猜地名：

大河解冻——江苏

刚定国界——新疆

起锚扬帆——上海

四季温暖——长春

沟渠不浅——深圳

一路平安——旅顺

宴会喝酒——开封

红色的庄稼——丹麦

蓝色的庄稼——荷兰

做这类游戏要看旅游者的表现，导游员一定要在气氛比较活跃的时候组织，效果才会好。

### （三）景点游览

景点游览是旅游团整体活动的核心内容，也是导游工作的重点。

#### 1. 游览前的导游讲解

① 抵达景点时，在下车前，导游要讲清并提醒旅游者记住游览车的车型、颜色、标志、车号。

② 在景点示意图前，导游应讲明游览线路、游览所需时间、集合时间、地点等，尤其是当下车和上车不在同一地点时，导游更应提醒旅游者注意。

③ 导游还应向旅游者讲明游览参观过程中的注意事项。

#### 2. 设计路线

设计路线要注意突出重点、合理安排、注意安全、不走冤枉路。采用多种引领线路在景点中参观游览，导游应根据景点中的实际情况合理地编排导游线路，有重点有突出地带旅游者参观。

#### 3. 景点内导游讲解

抵达景点后，导游的主要工作是带领本团旅游者沿着游览线路对所见景物进行精彩的导游讲解。讲解的内容要因人而异、繁简适度，包括该景点的历史背景、特色、地位、价值等方面的内容。讲解时，讲解的语言不仅应使旅游者听得清楚，而且要生动、优美、富有表达力；不仅使旅游者增长知识，而且得到美的享受。

#### 4. 严格执行计划

在景点景区内的游览过程中，导游应严格执行旅游合同，保证在计划的时间与费用内，使旅游者充分地游览、观赏。擅自缩短时间或克扣门票费用的做法都是错误的。

游览中还要讲解与游览相结合，适当的集中与分散相结合，做到劳逸适度，使旅游者能够充分地游览。

#### 5. 注意旅游者的安全

在游览过程中，导游不仅要做到劳逸适度，还应特别关照老弱病残的旅游者。在讲解时，导游也应眼观八方、耳听六路，注意旅游者的安全，要自始至终与旅游者在一起活动；在景点的每一次移动都要和全陪、领队密切配合并随时清点人数，以防止旅游者走失和意外事件的发生。

◆【案例分析】

## 安排活动应"因人而异"

北京的导游江小姐接待了一个15人的法国老年旅游团。该团在京的日程安排很紧凑：第一天晚上入境后，到饭店休息；第二天上午参观天安门、故宫博物院，下午去颐和园、北京动物园，晚上吃风味餐、看京戏；第三天上午去八达岭长城，下午去定陵，晚上去王府井购物；第四天上午去天坛、雍和宫，午餐后乘下午的航班去西安。

在第二天的游览过程中客人们兴致很高，每到一处他们都拍照留念，认真听导游的讲解。只是在景区内的步行距离太长，团内的大部分人是老年人，有些人感到很劳累。晚上吃烤鸭的时候，气氛达到了高潮，因而京戏开演了30分钟后他们才到场。回来的路上大家对当天的旅游安排非常满意，赞不绝口。

第三天，一些人的疲态便显露出来了，在长城上有人只登上一个敌楼，照了几张相片便返回旅游车休息。在定陵有两位老年旅游者更是不愿下那么多台阶去参观地下宫殿，导游小江只好将疲劳的旅游者先安顿好，再去为其他人导游。回去的路上有的客人要求先回饭店休息一下再去吃饭、购物。结果再次集合时，只有6个人去吃饭，其他人都想洗澡、休息了。晚饭后只有两个人要求去王府井购物，其他4人自愿坐出租车回饭店。在送购物客人回饭店的路上，江小姐心里有种说不出的滋味。

第四天上午，游览了天坛后，由于旅游者行动过慢而使得时间不够，无法再去雍和宫参观。大家匆匆到指定的餐厅用餐后，便赶去机场了。一路上江小姐征求了客人对此次在京旅游的意见，有人反映，刚开始感觉不错，但越来越感到活动单调，并且有些劳累。对于江小姐的服务和讲解大家还是感到很满意，但希望根据老年人多的特点，多留出一些放松的时间。

（资料来源：导游实务案例）

分析：导游员在接团前应认真研究计划，并根据计划拟出周密的活动日程，在安排日程时应注意：

1. 分析旅游者的需要。根据其国籍、职业、年龄、性别来分析他们最感兴趣的东西。如西方旅游者喜欢参与性较强的旅游活动，东方旅游者则更喜欢观光性旅游；年轻人体力好希望多看一些东西，老年人则愿意将活动的节奏放慢，多留出一些休息时间；文化层次高的旅游者理解能力强，对我国的古建筑资源感兴趣，一般旅游者则对生活方面的情况感兴趣。

2. 向旅游者通报计划安排。活动前应把计划和日程告诉旅游者，有领队或全陪的话，要与领队或全陪商定，告诉对方如此安排日程的理由，以免对方提出不合理的要求时难以应付。本例中的江小姐就是因为事先没有与客人商定日程，而致使大部分旅游者在第三天游览后由于劳累不想再去吃晚饭和购物。

3. 活动安排的结构要合理。在制订活动日程时应注意循序渐进，切忌"虎头蛇尾"，本案例中的旅游日程安排就显得前紧后松，使客人既感到疲劳，而后又感到单调。如果在头一天游览后安排京剧，大家在游览了一天后，坐在剧场既可以欣赏异国他乡的艺术，又可放松情绪，消除疲劳。如果在离别之夜去吃烤鸭，他们则可享受到那充满友谊之情的饯行之筵，会对旅游地留下美好的回忆，从而把旅行活动推向高潮。

4. 活动日程应符合大多数人的要求。对于活动日程紧，项目多的旅游团，如果多数人精力充沛，则一定要满足他们的要求，决不能"偷工减料"。对于老年人多的团，则可根据他们的要求灵活处理。本案例中，江小姐如果在一些旅游者疲劳时能够先安排他们休息，再去带领多数旅游者游览，这样处理会十分得当。

### （四）特殊活动安排

对于特殊旅游团队，在接待计划中会有一些特殊的活动安排，如会见、宴请、参观、座谈等，这种情况下需要导游从以下几个方面开展工作。

#### 1. 提醒注意事项

参加此类活动一般会接触一些非常规的地点和人物，需要导游事先熟悉和了解注意事项，以便向旅游者进行提醒。

#### 2. 熟悉活动安排

了解特殊活动的情况，事先与活动单位取得联系，落实时间安排和活动内容，也可以通过旅行社组团人或团队操作人员了解活动安排及注意事项。

#### 3. 开展导游讲解

在知识方面做必要的准备和补充，到达活动现场前给旅游者进行简单的介绍。到达活动现场后，与活动单位的工作人员一道为旅游者提供讲解、翻译等工作。外语导游人员在进行翻译时还要注意语言的准确和保密，地陪有责任把好关，避免泄露国家情报。

### （五）返程中的工作

这个环节是指一天的参观游览项目结束后，旅游团返回下榻饭店的过程。这时，旅游者已经感到疲惫，急需休息和调整，早晨出发时的新奇感也已经没有。所以，这一阶段的工作有一定的难度。

从景点、参观点返回饭店的途中，导游可视具体情况做以下工作。

#### 1. 回顾当天活动

导游应在返程中根据旅游者的实际状态，适时地安排一定时间的休息。然后与大家一起回顾当天参观、游览的内容，尤其是那些精彩有趣，给人以深刻印象的瞬间。还可以回答旅游者的提问，对在参观游览中有漏讲的内容可作补充讲解。

## 2. 市容导游

在选择返程路线时，导游应尽量避免原路返回，这样可以增加沿途景物对旅游者的吸引力。导游应该对沿途风光进行导游讲解，保持或延续旅游者的兴致。

## 3. 专题讲解

在这段时间里，导游还可以对旅游者在参观游览过程中普遍较为关心、感兴趣的问题，采用课堂讲解法，做全面、系统、生动的专题讲解。

内容可涉及许多方面，如国家政策、经济生活、文化习俗、生活细节、历史典故、神话传说或名人轶事等，争取使返程生活丰富有趣。

## 4. 宣布次日活动日程

返回饭店下车前，导游要向旅游者预报晚上或次日的活动日程、出发时间、集合地点等。

## 5. 提醒注意事项

如当天回到饭店较早或晚上无集体活动安排，导游应考虑到旅游者会外出自由活动，所以要在下车前提醒旅游者注意：如要外出，最好要结伴同行，带上饭店的地址和电话号码，尽量乘出租车前往。

## 6. 做好下车时的服务

抵达饭店后，下车前导游要真诚感谢旅游者一天中对导游工作的支持与帮助，并表示对次日活动的信心与渴望。提醒旅游者带好随身物品。下车时，导游要先下车，站在车门一侧，照顾旅游者下车，再向他们告别。

## ◆【技能训练】

通过本任务的训练，学生掌握参观游览服务工作的规程、基本内容和各种注意事项，能够进行生动灵活的导游服务和讲解工作。训练内容：

1. 参观游览服务，出发前的准备工作、途中导游、景点介绍、返程服务工作。
2. 实训案例导入

案例1：小李是承德的地陪，在安排旅游者入住酒店后，和全陪一起核对接待计划，两人一对计划书，有出入，小李的行程安排中仅有2个购物点，而全陪这是4个，而且在行程中还增加了2个自费景点。小李该怎么做呢？

案例2：请同学们以自己的家乡为例，选取具有代表性的景点，完成游览服务程序，导游词设计及讲解任务。

3. 训练总结

① 学生互评。
② 教师点评。
③ 汇总实训成绩，实训评价表如下表所示。

**实训评价表**

| 评价项目与内容 | | 小组评价 | 教师评价 |
|---|---|---|---|
| 课前准备（10分） | 下发计划准备 | | |
| | 分组准备 | | |
| 程序完整规范（30分） | 游览服务规范程序 | | |
| 欢迎词表达（30） | 沿途风光导游讲解 | | |
| | 景点讲解 | | |
| 服务规范（10分） | 导游语言表达能力<br>导游服务创新能力<br>导游协调沟通能力 | | |
| 应变能力（10分） | 遇事情绪稳定、思维敏捷、考虑问题周到，能够及时妥善处理突发事件和特殊问题 | | |
| 职业素养（10分） | 工作积极态度<br>团队合作意识 | | |
| 总成绩 | | | |

## 任务五　文娱及购物服务

◆【任务情境】

北京市房山区水峪村以女子中幡而闻名，它打破了男子耍幡的单一性，使表演更具观赏性和惊险性。水峪村于1998年成立女子中幡艺术团，成为房山区独具特色的一支艺术团队。近年来，水峪中幡获得诸多荣誉：2007年，"水峪中幡"入选"北京市非物质文化遗产名录"。2008年北京奥运会期间，水峪中幡队代表房山区在鸟巢参加了开幕式前"京华情韵迎来客"垫场演出活动；2009年10月1日，水峪中幡队应邀在天安门广场参加国庆60周年表演活动。2011年，南窖乡依托以水峪中幡为主的民间花会获评国家文化部等部门颁发的2011～2013年度"中国民间文化艺术之乡"称号。水峪村女子中幡节事活动每年吸引大量的旅游者来此参观。

项目三　乡村旅游导游工作流程

◆【任务分析】

旅游者出门旅游，游固然是最主要的内容，但丰富多彩的其他活动也是旅游生活中必不可少的部分，是参观游览活动的继续和补充。因此，在安排其他旅游活动时，地陪同样应该尽心尽力，安排好文明、健康的活动，提供令旅游者满意的服务。

◆【知识链接】

### （一）文娱活动

文娱活动主要包括演出、交流、舞会等，分为计划内和计划外两种，一般在晚间进行。如观看大剧院演出、戏剧、曲艺、杂技等。

地陪在安排文娱活动时应严格执行接待计划，避免相似节目安排，拒绝格调低下的活动，注意旅游者的安全。

#### 1．严格执行计划安排

计划内有观看文娱节目的安排，地陪应向旅游者简单介绍节目内容及特点并需陪同准时前往；与司机商定好出发的时间和停车位置；引导旅游者入座；要自始至终和旅游者在一起。演出结束后，要提醒旅游者带好随身物品。

计划外的文娱活动要在保证可以安排落实的前提下，向旅游者收取一定的费用，并给予其票据。

#### 2．知识储备，适当介绍

对所参与的文娱活动项目要事先熟悉，了解具体内容和过程，掌握文娱活动的位置、行车路线、场地和节目内容、特色，对文娱活动的内容适当进行准备，在适当的时候向旅游者进行讲解和介绍。

#### 3．全程陪同，提示安全

在大型的娱乐场所，地陪应主动和领队、全陪配合，注意本团旅游者的动向和周围的环境，并提醒旅游者注意安全，不要分散活动。首先要引导团队旅游者进入活动现场，提供场中服务，活动结束后及时引领团队旅游者离开活动现场，过程中关注旅游团安全。

### （二）购物服务

在旅游过程中，一些旅游者总是喜欢购买一些当地名特产品、旅游商品送给自己的亲朋好友，购物也成为旅游活动的重要组成部分。因此，作为地陪要把握好旅游者的购物心理，做到恰到好处地宣传、推销本地的旅游商品，既符合旅游者的购买意愿，也符合导游工作的要求。在带领旅游团购物时，要做到：

① 严格按照《导游人员管理条例》等有关规章执行接待单位制订的游览活动日程，带领旅游团到旅游定点商店购物，避免安排次数过多以及强迫旅游者购物等问题出现。

② 旅游者购物时，地陪应向全团讲清停留时间及有关购物的注意事项，介绍本地商品特色，承担翻译工作，介绍商品托运手续等。

③ 当购物商店不按质论价、抛售伪劣物品、不提供标准服务时，地陪应向商店负责人反映，维护旅游者的利益；如遇小贩强拉强卖，地陪有责任提醒旅游者不要上当受骗，不能放任不管。

◆【案例分析】

变质的购物服务

一个23人新加坡旅游团在N市由地陪王小姐负责接待，午后参观某佛寺后，王小姐向大家介绍本地一家新开业的珍珠馆。她说："店主是我的好友，保证价廉物美。"在珍珠馆，一位姓朱的女士对标价4000元的珍珠产生兴趣，王小姐立即主动介绍识别真假珍珠的方法，并为其讨价还价，最终以900元成交。16：40旅游团游览某景点。因景点即将关门，大家匆匆摄影留念后即离去。在返回饭店途中，数名男士提出去书店购买中国地图，几位女士则希望购买中国烹调书籍，王小姐表示可以安排。

次日出发前，朱女士手持前日所购的项链，要求王小姐帮其退换，说："一内行人认定它是残次品。"王小姐表示不可能退换。上午结束参观后，她又带全团去一家定点工艺品商店，许多人不感兴趣，只在车中坐着，王小姐恳求说："大家帮帮忙，不买东西没关系，进店逛一圈也可以。"于是，一些旅游者才不情愿地下车、进店。13：30赴机场途中，数名旅游者又提起购书一事，王小姐说："没有时间了。"一周后，旅行社接到新加坡组团社发来的传真，申明该社今后若有团赴N市，不能由王小姐带团。

试问：王小姐在接待该团过程中做错了哪些事？

分析：

1. 不应该带旅游团到非定点商店购物，违反了《中华人民共和国旅游法》第三十五条的规定。

2. 介绍商品不实事求是，以次充好。导游员既要推销商品，又要让旅游者满意。

3. 拒绝帮助旅游者退换残次商品。旅游者要求退换所购商品，导游员应积极协助。

4. 没有满足客人的购物要求，部分旅游者去书店买书的要求没有实现。
5. 强行推销，多次安排购物，影响旅游者在该市的游览效果。

## ◆【技能训练】

通过本任务的训练，学生熟悉导游服务过程中文娱、购物活动的安排事宜。实训内容：

1. 餐饮服务，为旅游者介绍地方特色；购物、文娱服务，做好计划安排；
2. 实训案例导入

案例1：团队抵达餐厅用第一餐时，导游员小王按照旅游书协议规定，给客人订餐上菜是八菜一汤。这时，有两个旅游者提出，他们是佛教徒，从不吃肉，要求小王为其另外安排，并说早在报名参团时就提出这项要求。作为导游员小王，他应该如何处理？

案例2：某日，某市的地陪小姚接待了一旅游团，在游览完了景点后便按照计划去一家商场购物。由于在前面几个城市的游览过程中，当地地陪已多次带去购物，因此旅游者中大部分对购物兴趣全无。小姚带旅游者到了商场门口后，一部分旅游者不愿意下车。见到这种情况，小姚便说："你们在本市，我们仅安排了唯一的一次购物，希望大家给我面子，请大家一定去这家商场看看，不购物也没关系。"听了小姚这几句话，旅游者们才懒洋洋地进了商场。如何有计划的安排购物活动？

案例3：请同学们以北京的京郊为例，选取具有代表性的当地特产、具有地方特色的民俗娱乐活动进行介绍。

3. 实训总结
① 学生互评。
② 教师点评。
③ 汇总实训成绩，实训评价表如下表所示。

**实训评价表**

| 评价项目与内容 | | 小组评价 | 教师评价 |
| --- | --- | --- | --- |
| 课前准备<br>（10分） | 下发计划准备 | | |
| | 分组准备 | | |
| 程序完整规范<br>（30分） | 带领团队用餐的基本程序及介绍特色餐饮 | | |
| | 完成当地特产导购工作及娱乐活动的设计安排 | | |
| 特产、娱乐活动表达<br>（20） | 特产介绍 | | |
| | 娱乐活动介绍 | | |

续表

| 评价项目与内容 | | 小组评价 | 教师评价 |
|---|---|---|---|
| 服务规范<br>（20分） | 导游语言表达能力<br>导游服务创新能力<br>导游协调沟通能力 | | |
| 应变能力<br>（10分） | 遇事情绪稳定、思维敏捷、考虑问题周到，能够及时妥善处理突发事件和特殊问题 | | |
| 职业素养<br>（10分） | 工作积极态度<br>团队合作意识 | | |
| 总成绩 | | | |

## 任务六　送站及后续服务

◆【任务情境】

五天四晚的旅游行程就要结束了，明天一早就要送旅游者了，回到房子里，导游小李思绪万千。这段时间和旅游者相处的五味俱全，既有跑前跑后的艰辛，也有看到旅游者满意点头的高兴；既有因为团队餐不好引发的矛盾，也有千方百计帮旅游者找丢失物品换来的感激；导游不好做，跑断了腿，磨烂了嘴，明天就要送旅游者了，旅游者送行是锦上添花还是留有遗憾呢，还有哪些工作要做呢？

◆【任务分析】

送站服务是旅游团接待工作的最后阶段。如果说，迎接是地陪树立好形象的开端，接待是保持良好形象的关键，那么送行是旅游者对地陪良好印象的加深。因此，地陪必须善始善终，以饱满的工作热情和良好的精神状态做好最后阶段的工作，确保旅游者顺利、安全地离开。

◆【知识链接】

（一）送站前的业务准备

1．核实、确认离站交通票据

旅游团离开本地的前一天，导游应认真做好交通票据核实工作，要核对团名、代号、人数、去向、航班（车次、船次）、起飞（开车、启航）时间（做到计划时间、时刻表时间、票面时间、问询时间四核实），在哪个机场（车站、码头）启程等事项。如果航班（车次、船次）和时间有变更，应当问清旅行社有关工作人员是否已通知下一站，以免造成下一站漏接。

对乘飞机离境的旅游团，导游应提醒或协助领队提前72小时确认机票。

2. 商定出发时间

一般由导游与司机商定出发时间，但为了安排得合理和尊重起见，还应及时与领队、全陪商议，确定后应及时通知旅游者。

如该团乘早班机（火车或轮船），出发的时间很早，导游应与全陪商定叫早和用早餐的时间，并通知旅游者。如果该团所乘交通工具班次时间较早，需要将早餐时间提前，导游应通知餐厅订餐处提前安排。如无法在饭店餐厅内用早餐，导游要及时做好相应的准备工作，并向旅游者说明情况。

3. 协助饭店结清与旅游者有关的账目

导游应及时提醒、督促旅游者尽早与饭店结清所有自费项目账单（如洗衣费、长途电话费、房间酒水饮料费等）；若旅游者损坏了客房设备，导游应协助饭店妥善处理赔偿事宜。同时，导游还应及时将旅游团的离店时间通知给饭店有关部门，提醒其及时与旅游者结清账目。

4. 及时归还证件

一般情况下，导游不应保管旅游团的旅行证件，需要时，可通过领队向旅游者收取，用完后应立即归还旅游者或领队。在旅游团离站前一天，导游还要检查自己的物品，看是否保留有旅游者的证件、票据等，如果保留应立即归还，当面点清。

5. 落实叫早事宜

上述工作完成后，导游应与饭店联系，将叫早的时间、房号和叫早的方式通知饭店总服务台或楼层服务台，确保次日准时离店。

（二）离店服务

1. 集中交运行李

旅游团离开饭店前，导游要按事先商定好的时间与饭店行李员办好行李交接手续。具体做法是：先将本团旅游者要托运的行李收齐、集中，然后清点行李的件数，检查行李是否捆扎，上锁，有无破损等；在每件行李上加贴行李封条，最后与饭店行李员办好行李签字交接手续。

2. 办退房手续

在团队将离开所下榻的饭店时，导游要到总服务台办理退房手续。将收齐的房间钥匙交到总服务台，核对用房情况，无误后按规定结账签字。无特殊情况，应在中午12:00以前办理退房手续。

同时，要提醒旅游者带好个人物品及旅游证件，询问其是否已与饭店结清账目。

## （三）集合上车

所有离店手续办好后，导游应站在旅游车门一侧，微笑协助旅游者上车入座。然后导游要礼貌地清点人数。全体到齐后，要再一次请旅游者清点一下随身携带物品，并询问是否将证件随身携带；此时，导游最需强调的是提醒旅游者勿将物品忘在饭店里。如无遗漏则请司机开车离开饭店赴机场（车站、码头）。

## （四）送行服务

如果说赴饭店途中讲解是导游首次亮相的话，那么，送站的讲解是导游的最后一次"表演"。这最后的环节，导游更应该兢兢业业，要让旅游者对自己所在的地区或城市产生一种留恋之情，加深旅游者不虚此行的感受。

送行服务主要由以下几部分内容组成：

### 1. 行程回顾

在去机场（车站、码头）的途中，导游可采用归纳式、提问式两种讲解方式对旅游团在本地的行程，包括食、住、行、游、购、娱等各方面做一个概要的回顾，目的是加深旅游者对这次旅游经历的体验。讲解内容则可视途中距离远近而定。

### 2. 致欢送词

欢送词是导游情感的又一次集中表达，致欢送词能够加深地陪与旅游者之间的感情，也可以为整个接待服务锦上添花。致欢送词的场合多选择在行车途中，也可以选择在机场（车站、码头）。

欢送词的内容主要包括以下六个方面：

① 回顾旅游活动，感谢旅游者的合作与支持；
② 表达友情和惜别之情；
③ 诚恳征求旅游者对接待工作的意见和建议；
④ 若在旅游过程中有不顺利或不尽如人意之处，导游可再次向旅游者表示真诚的歉意；
⑤ 期待重逢；
⑥ 表达美好祝愿。

◆【补充资料】

**欢送词示例**

各位旅游者朋友：

真是光阴似箭，日月如梭！现在是我们说再见的时候了，在此我不得不为大家送行，心中真有许多眷恋和无奈，天下没有不散的筵席，也没有永远在一起的朋友，但愿我们还有见面的机会。

首先感谢大家这些天来对我们工作的支持，因为有了各位的合作和支持，所以我们的北京之游才会圆满成功。我们在一起度过了快乐难忘的几天，不仅游览了天安门、故宫、天坛、颐和园、长城、十三陵等风景名胜，还品尝了北京烤鸭、逛了王府井、买了纪念品，可以说是不虚此行。相信在各位朋友的生命中，从此将增添一段新的记忆——那就是北京，但愿北京留给大家的印象是美好的。

如果在游览活动中，我们有服务不周的地方请您多原谅，并希望大家提出宝贵的意见，我们会虚心接受、取长补短、提高服务水平，更好地为大家服务，在此我要代表旅行社及司机师傅感谢咱们的全陪和领队，谢谢你们对我们工作的支持。最后，请允许我用一首歌结束我们这次愉快的北京之旅，并祝大家一路平安……（自己唱一首歌或与大家同唱一首曾经在旅途中唱过且大家都喜欢的歌，达到高潮）。

有道是"千里有缘来相会"，既然我们是千里相会，那就是缘分，所以在即将分手之际，我们再次希望大家不要忘记，在北京有你们一个永远的家——××旅行社，不要忘记在这个家里，有我和司机师傅，两个与你们有缘而又可以永远信赖的同胞。一切都是瞬间，一切都会过去，而那过去了的都会成为美好的回忆，分别是重逢的开始，真心希望各位能够再次到北京观光。

最后，预祝各位朋友在今后的人生旅途中万事如意，前程无量。

致完欢送词后，导游可将"旅游服务质量意见反馈表"发给旅游者，请其填写，如需寄出，应先向旅游者讲明邮资已付；如需导游员带回，则应在旅游者填写完毕后如数收回、妥善保留。

### 3. 提前到达机场（车站、码头）

导游带旅游团到达机场（车站、码头）必须留出充裕的时间。具体要求是：出境航班，提前2小时到达；国内航班，提前90分钟到达；乘火车或轮船，提前1小时到达。

旅游车到达机场（车站、码头），导游要提醒旅游者带齐随身的行李物品，照顾旅游者下车。待全团旅游者下车后，导游要请司机协助，再一次检查车内有无遗漏的物品。

### 4. 移交交通票据和行李卡

如送国内航班（火车、轮船），抵达机场（车站、码头）后，导游应尽快与行李员联系，取得交通票据和行李卡，将其交给领队或全陪，并一一清点、核实。

如送国际航班（火车、轮船），导游应请领队与行李员交接行李，并清点检查后将行李交到旅游者手中。

### 5. 办理离站手续

进行完交通票据和行李卡的交接工作后，导游仍不能马上离开，还应协助领队办理离站手续。

若送国内航班（火车、轮船），导游应协助旅游者办理离开手续；若送国际航班（火车、轮船），地陪将旅游团送往隔离区，由领队帮助旅游者办理有关离境手续。但导游要向旅游者介绍办理出境、行李托运、离境等手续的程序。

6. 告别

当旅游者进入安检口或隔离区时，导游应与旅游者告别，并祝他们一路平安。如旅游者乘坐火车或汽车离开，导游应等交通工具启动后方可返回；如旅游者乘坐飞机离开，导游应等旅游者通过安检后才能离开。

7. 结算事宜

若接待国内团队，导游应在旅游团结束当地游览活动离开本地前与旅游者办理好拨款结算手续；若接待离境团，导游应在团队离开后，与全陪办好财务拨款结账手续，并妥善保管好单据。

送走旅游团后，导游应与旅游车司机核实用车里程数，在用车单据上签字，并保留好单据。

## （五）后续工作

1. 处理遗留问题

下团后，导游应按照有关规定和旅行社领导的指示，妥善、认真处理好旅游团的遗留问题，如委托代办托运、转交信件、转递物品等。

2. 结清账目，归还物品

送走旅游团后，导游应按旅行社的财务规定及时回旅行社报账，并归还向旅行社借用的物品。

3. 总结工作

① 写好陪团总结。导游应认真填写陪团总结，实事求是地汇报接团情况，如团队接待中出现问题，要认真总结汇报。

② 写出重大事故报告。如旅游团在本地旅游期间出现重大问题、发生重大事故，导游必须实事求是地整理出文字材料，及时向地方接待社和组团社汇报。

③ 提交"旅游服务质量意见反馈表"。导游应及时将"旅游服务质量意见反馈表"（表1-2）交到旅行社有关部门，此表对旅游活动中旅游服务的各方面都有一个比较客观的反映。

◆【补充资料】

旅游服务质量意见反馈表如表1-2所示。

表1-2　旅游服务质量意见反馈表

| | |
|---|---|
| 是否签订旅游合同 | 是□　否□ |
| 有无削减景点、压缩游览时间现象 | 有□　无□ |
| 有无计划外增加游览点 | 有□　无□ |
| 增加游览点是否经旅游者同意 | 是□　否□ |
| 有无索要小费或私收回扣 | 有□　无□ |
| 有无擅自终止导游活动 | 有□　无□ |
| 一天中购物次数 | 1次□　2次□　3次或以上□ |
| 服务态度 | 很好□　好□　一般□　差□ |
| 住宿条件 | 很好□　好□　一般□　差□ |
| 餐饮质量 | 很好□　好□　一般□　差□ |
| 旅游购物 | 很好□　好□　一般□　差□ |
| 旅游汽车服务质量 | 很好□　好□　一般□　差□ |
| 导游讲解质量 | 很好□　好□　一般□　差□ |
| 总体满意度 | 很好□　好□　一般□　差□ |
| 是否同意增加自费项目： | 旅游者签名： |
| 旅游者代表意见：<br><br>联系电话： | 签名：<br>　　年　　月　　日 |
| 领队（全陪）意见：<br><br>联系电话： | 签名：<br>　　年　　月　　日 |

## ◆【技能训练】

通过本任务的训练，学生掌握送行服务的规范程序，做好后续工作。实训内容：

1. 协助办理离店手续；送行服务，为旅游者致欢送词；完成后续工作。
2. 实训案例导入

案例1：几年前，一旅游团21日一早到达K市，按计划上午游览景点，下午自由活动，晚上19:30观看文艺演出，次日乘早班飞机离开。抵达当天，适逢当地民族节庆活动，晚上是通宵篝火晚会并有歌舞等精彩文艺节目。部分旅游者要求下午去观赏民族节庆活动，晚上放弃计划中的文艺演出而参加篝火晚会，并希望地陪派车接送。针对此种情况，导游员应怎样处理？应做好哪些工作？

案例2：短暂的4天旅游就要结束了，这几天和旅游者相处非常好，在最后的欢送词中想再表达一下这份不舍之情，请写一篇让人感动的欢送词。

3. 实训总结

① 学生互评。

② 教师点评。

③ 汇总实训成绩，实训评价表如下表所示。

**实训评价表**

| 评价项目与内容 | | 小组评价 | 教师评价 |
| --- | --- | --- | --- |
| 课前准备（10分） | 下发计划准备 | | |
| | 分组准备 | | |
| 程序完整规范（30分） | 送站服务各项规范流程 | | |
| | 完成后续工作 | | |
| 欢送词表达（20分） | 欢送词讲解 | | |
| 服务规范（20分） | 导游语言表达能力<br>导游服务创新能力<br>导游协调沟通能力 | | |
| 应变能力（10分） | 遇事情绪稳定、思维敏捷、考虑问题周到，能够及时妥善处理突发事件和特殊问题 | | |
| 职业素养（10分） | 工作积极态度<br>团队合作意识 | | |
| 总成绩 | | | |

# 项目四　乡村旅游导游技能

【项目目标】

技能点：

① 能够根据不同场合、不同旅游者，灵活运用导游讲解的常用方法，形成自己的导游风格；

② 在与旅游者交谈时，学会察言观色，把握交际语境，做到随机应变；

③ 结合浅层次性、主动性、契约性等带团特点，处理好带团中的各种关系，树立良好的职业形象；

④ 妥善处理旅游者在旅游活动中有关餐饮、住房、娱乐、购物、游览等方面的个别要求，提高学生独立工作的能力和处理问题的应变能力。

知识点：

① 了解导游语言的基本要求；熟练掌握导游讲解的常用方法和导游应对技能，全面提高导游人员的语言技能水平；

② 熟悉导游带团的特点和原则，熟练掌握导游带团的技能；

③ 掌握处理旅游者个别要求的基本原则，掌握旅游者在旅游活动中常见个别要求的处理。

验收点：

通过本项目的学习，学生能够灵活运用语言技能、带团技能、个别要求的处理技能，培养他们的讲解能力、独立工作能力、组织协调能力和随机应变能力，全面提高其导游服务技能水平，真正做到学以致用。

【导入】

### 他们是杭州旅游的一张"金名片"

讲解员是景点与游客间的桥梁，是城市和行业的形象代表。2016年11月24～25日，来自杭州全市9个区4个县（市）的80余名讲解员齐聚杭州景区景点讲解员服务技能大赛，演绎了一场别开生面的竞技大赛。大赛由杭州市旅游委员会、杭州市人力资源和社会保障局、杭州市总工会、共青团杭州市委举办，自2014年起每两年举办一届，活动旨在全面提高杭州讲解员的综合素质和服务质量，打造一支优秀景区讲解员队伍。

　　本届景区景点讲解员服务技能大赛，包括情境讲解、笔试、风采展示、主题讲解、才艺展示等部分。笔试内容为中国旅游文化、客源国概况、杭州地域文化、景点概况、景点导游服务规范、旅游政策法规、旅游信息和时事热点等，考察参赛人员对杭州市情、时政热点、地域文化等内容的掌握情况；主题讲解则需选手在杭州系列文化五大主题中随机抽取一项，介绍杭州的古迹遗址、生态环境、风味小吃、特色工艺或商务接待。经过两天的比赛，杨作英、丁露赟等决赛综合得分排名前20名的选手，被授予了杭州市"金牌讲解员"荣誉称号。

　　G20杭州峰会召开后，杭州旅游业需要进一步提升现有从业人员的业务素质和职业能力。"金牌讲解员"就是杭州旅游的一张金名片。"希望通过举办这样的大赛，能为杭州旅游发展发掘、培养高质量服务人才，探索高技能旅游服务人才培养模式，走出了一条备受全国瞩目的以技能大赛为抓手的服务精英选拔培养之路。"杭州市旅游委员会相关负责人表示。

（资料来源：钱江晚报）

　　导游服务技能是指导游人员运用所掌握的知识和经验为旅游者服务的方式和能力。导游服务技能没有固定的模式，它因旅游者、参观游览期间的时空条件及导游人员本身条件的不同而千差万别。

　　导游服务技能的范围很广，包括人际交往技能、语言技能、带团技能、运用导游器材的技能、个别要求的处理技能，等等。总之，凡是在导游活动过程中能为旅游者提供服务，使旅游活动安全、顺利进行的技能，导游人员都需要学习、掌握。本项目仅就导游语言技能、带团技能、个别要求的处理技能等内容作一概括的介绍。

## 任务一　语言技能

◆【任务情境】

　　小王是一位刚跨出旅游学校校门的导游员，这次他带的是来自某地区的旅游团。上车后，与前几次带团一样，小王就认真地讲解了起来。他讲了关于这个城市的历史、地理、政治、经济以及独特的风俗习惯。然而，游客对他认真的讲解似乎并无多大兴趣，不但没有报以掌声，坐在车子最后两排的几个游客反而津津乐道于自己的话题，相互间谈得非常起劲。虽然也有个别的游客回过头去朝那几位讲话的游客看一眼以表暗示，但那几位游客好像压根儿没有意识到似的，依然我行我素。看着后面聊天的几个游客，再看看一些在认真听自己讲解的游客，小王竭力保持自己的情绪不受后面几位聊天者的影响。但是他不知道怎样做才能阻止那几位游客的聊天。如果你是小王，你会如何处理呢？

## ◆【任务分析】

语言，是人类沟通信息、表达和交流思想感情的一种重要的交际手段和工具。语言的运用对导游人员来说，是必不可少的基本功。良好的语言表达能力是导游人员的必备条件，也是做好导游工作的关键因素。

在一个旅游团中，导游员不能期望所有的旅游者都依照自己的愿望去行事，都像小学生似的专心致志地听你讲解。作为导游员，当发觉旅游团中有旅游者不爱听自己的讲解时，首先应该反省自己：是自己讲解的内容游客不能听懂吗？是自己的讲解缺乏吸引力吗……如果说，自己在讲解的语言、内容、趣味性、技巧上都无懈可击，而仍有个别游客在其中干扰的话，则应该拿出良好的对策，不应该视而不见。因为放任这种干扰，且任其蔓延，将会影响到整个旅游团的旅游气氛。这时你可以用友好的、委婉的、商量的语气，加大嗓门跟那几位讲："对不起，刚才可能我讲话的声音太小，所以使得后面的游客不能听清楚。接下来，我把声音讲大一些，请问后面的游客能听到吗？"也可以边微笑边说："对不起，可能刚才我的讲解有些游客不感兴趣，这样吧，接下来，我讲一些大家都感兴趣的内容。"顿一顿再加大嗓门说："哎，后面的几位游客希望我讲些什么内容呢？"这样的话，既没有损害旅游者的面子，又可以阻止他们，真可谓一箭双雕。

## ◆【知识链接】

导游语言是导游人员对旅游者进行导游讲解、传播知识、实现沟通和交流思想的一种富有丰富表达能力的生动形象的口头语言，也是导游人员用来从事导游服务工作的重要手段和工具。导游人员掌握和运用语言的技能在很大程度上影响甚至决定着导游服务效果的好坏。

实践证明，导游人员良好的语言技能，对创造和谐的旅游气氛、促进旅游者的消费行为以及购买后的满足能起到重要的心理作用。要想收到良好的语言讲解效果，导游人员必须掌握运用导游语言的基本要求、导游讲解的常用方法以及应对技能，不断提高导游语言的运用技巧。

## （一）导游语言的基本要求

导游语言具有传播知识、沟通思想、交流感情的功能，是知识性、思想性、趣味性的结合体。导游人员在运用导游语言时必须做到准确、清楚、生动、灵活，四者相辅相成，缺一不可，否则就达不到良好的效果。

### 1. 准确

导游语言的准确性是指导游人员的语言必须以客观事实为依据，在讲解时使用规范化的语言，具体包括以下几个方面。

（1）内容准确无误，有据可查

对所讲解景点的背景材料如历史沿革、数据、地质构造等必须准确，要有根据、有出处，不能胡编乱造。即使是故事传说、民间传奇也要有据可查，不能道听途说，信口开河。若遇到说法不一的地方可忽略不讲，或选择有代表性的意见介绍给旅游者，与他们共同探讨，请他们根据自己的理解来作出判断。内容不准确是导游讲解中的"硬伤"，特别容易引起旅游者对导游人员的轻视和不信任。

（2）语法要准确

导游讲解是以语言为工具向旅游者传递信息的。在传递的过程中，假如语法不当，就会使信息失真，沟通不畅，甚至因旅游者听不懂而达不到运用语言的目的。因此，导游人员在导游讲解时，语法、遣词造句必须正确，避免讲解和回答问题词不达意、模棱两可。

（3）观点正确、鲜明

导游语言作为表达思想的工具，其所传递的内容具有一定的社会性，会产生一定的社会效应。导游人员在运用语言表达思想时，首先要有鲜明正确的观点和立场，使旅游者对当地有一个全面、客观、公正的了解，而不能含糊其词。要坚持"内外有别"的原则，自觉运用国家的法律法规和行业纪律约束自己，不得迎合个别旅游者的低级趣味以及在讲解中掺杂格调低下的内容，不开政治性的玩笑。

### 2. 清楚

导游语言的清楚性是指在讲解时要条理分明、脉络清晰、符合逻辑，把所讲的内容一层一层地交代清楚。导游人员应注意在思维和语言表达上符合逻辑规律，层次分明，对自己所要表达的内容仔细斟酌；想告诉旅游者什么，想让旅游者得到什么，自己心中要有数，不能"东一榔头西一棒子"，想起什么说什么，看见什么说什么，层次不清，杂乱无章。讲解时，应根据思维规律，将所讲内容有机地组织起来，先讲什么，后讲什么，层层递进，主体明确，重点突出。同时还应做到语言干净利索，不拖泥带水，不结结巴巴，使用常用而又形象的词语、简短而朴实的句子，切忌使用生僻的词语、冗长的书面语句子。

### 3. 生动

准确、清楚的导游语言能传递给旅游者准确的信息，但只有这两点显然是不够的。旅游活动是一个寻找美、发现美、享受美的过程，在这个过程中，应该有一种轻松、愉快的气氛。同样的话，用不同的说法，会产生不同的效果。俗话说"看景不如听景"，要想产生良好的听觉效果，就要增加导游语言的趣味性和感染力，用充满活力的语言去打动旅游者，引起他们的共鸣，然后通过联想或想象去感知和理解事物的内在审美价值，从中得到美的享受。在导游语言的生动性方面应注意以下几点。

（1）把握语音、语调

任何语言都是用一定的语音、语调来传达情感的，导游人员如果在语言表达上平淡无味，像和尚念经般单调、呆板，必然会使旅游者兴趣索然，即使是好的、有价值的景点，也会毫无印象。相反，生动形象、妙趣横生的导游语言不仅吸引人，而且会起到情景交融的作用。

（2）使用形象化的语言

在语言的形象化方面，修辞是必不可少的。常用的修辞方法有比喻、比拟、夸张等，通过这些修辞方法的运用，能形象地描绘大自然的美景，给旅游者以真实感和亲切感。

（3）适当的幽默

有一位哲人曾经说过："幽默是人际关系的润滑剂。"讲话幽默风趣是导游语言艺术性的重要体现。幽默风趣的语言如果使用得当，可以活跃气氛、提高游兴，增加导游人员和旅游者之间的感情交流，使旅游者回味无穷，有时还可以摆脱尴尬。在幽默的运用中应注意分寸，使用不当会使旅游者感到导游人员在"耍贫嘴"，甚至感到趣味低级。

### ◆【案例分析】

有一位导游在面对大学教师团时是这样致欢迎词的。

各位老师，大家好！

说实话，我现在面对大家有点儿紧张。其实平时也不是这样，这次主要是因为面对这么多大学教授，心里有点儿发虚。接待这个团，我们××旅行社曾先后安排了几个导游，但他们都不敢来，怕讲不好让各位笑话。于是我就来了，这并不是说我是最好的，只不过我是胆子最大的。也算是"蜀中无大将，廖化作先锋"。但有一点，请各位老师放心，我会努力的。我会珍惜这次向各位老师、专家学习的极好机会，在工作中不断充实自己。您呢，也就把我的导游讲解当作是检查学生的功课，请多指导。好，下面学生做一下自我介绍……请你对这位导游的欢迎词做一下点评。

分析：在案例中，这位导游通过幽默的语言，调节了团队的气氛，而且非常谦虚，把自己置于学生的位置，这样即使在带团过程中出现了一些过错，教师们也是能够原谅的。这位导游在带团之初运用了幽默语言这一服务细节，收到了很好的效果，为自己后面的带团工作铺平了道路。有些导游员一听到要接待专业人士考察团，就会发怵，缺乏自信心。认为游客都是专家、学者，在讲解过程中很难把握，在具体的接待过程中显得无所适从。导游人员必须克服这种心理障碍，对自己充满信心，要敢于在专家面前放开手脚，大胆工作。在导游讲解中多加一些幽默的语言，这样不仅能够放松自己的情绪，还能使漫长的旅途变得轻松、欢快而令人难以忘怀。

### 4. 灵活

导游语言的灵活性是指在导游讲解时要有针对性，要因人、因时、因地而异，不能千篇一律，应根据不同的对象决定讲解的内容、顺序、语言的方式、音量的大小，等等。要做到这一点，就要首先了解旅游者的背景，做好准备工作，包括知识准备和心理准备，根据客人的年龄、职业、爱好、文化程度、宗教信仰等，选择适当的讲解方法和内容，使特定景点的讲解适应不同旅游者的文化修养和审美情趣。景点可能是固定的、不变的，但人是活的、可变的，不同的人有不同的需求。如对专家、学者和"中国通"，导游人员在讲解时要注意语言的品位，要谨慎、规范；对初访者，导游人员要热情洋溢；对年老体弱的旅游者，讲解时力求简洁从容；对青年，导游讲解应活泼流畅；对文化水平低的旅游者，导游语言要力求通俗化。这就要求导游人员在具备较高的语言修养的基础上，灵活地安排讲解内容，使其深浅恰当、雅俗相宜，努力使每个旅游者都能获得美的享受。此外，导游词要与旅游者目光所及的景物融为一体，要使旅游者的注意力集中在导游讲解之中，这是衡量导游讲解成功与否的标准之一。

## （二）导游讲解常用的方法

导游服务是一门艺术，它集表演艺术、语言艺术和综合艺术于一身，集中体现在导游讲解之中。导游讲解就是导游员以丰富多彩的社会生活和璀璨壮丽的自然美景为题材，以兴趣爱好不同、审美情趣各异的旅游者为对象，对自己掌握的各类知识进行整理、加工和提炼，用简洁明快的语言进行一种意境的再创造。

俗话说"三分游，七分讲"。旅游者出行的核心目的是放松身心、增长阅历见闻。导游讲解可以使旅游者感到旅游生活的妙趣横生，留下经久难忘的深刻印象。

国内外导游界的前辈们总结出了很多行之有效的导游讲解方法，优秀导游员还应通过实践不断予以补充、丰富。

### 1. 分段讲解法

分段讲解法是将一处大景点分为前后衔接的若干部分来分段进行讲解。一般来说，导游人员可首先在前往景点的途中或在景点入口处的示意图前介绍景点概况（包括历史沿革、占地面积、主要景观名称、观赏价值等），使旅游者对即将游览的景点有个初步印象，达到"见树先见林"的效果。然后带团到景点按顺次游览，进行导游讲解。在讲解这一部分的景物时注意不要过多涉及下一部分的景物，但要在快结束这一部分的游览时适当地讲一点下一部分的内容，目的是引起旅游者对下一部分的兴趣，并使导游讲解环环相扣、景景相连。分段讲解法适宜在讲解规模较大、内容较丰富的景点时使用，例如在游览故宫、颐和园和清东陵等景点时都可采用此方法。

### 2. 简单概述法

简单概述法是用直截了当的语言，简明扼要地一次性介绍一个参观游览项目的方法。其特点是言简意赅、重点突出，给旅游者以深刻印象。这种方法在导游工作中最为常用，适合于一般旅游团。例如，旅游者来到某一花园，大家游兴正浓，争先想进园看个痛快的时候，导游在门口长篇大论，就会引起旅游者的不耐烦。此时应采用"简单概述法"，将花园的年代、规模、布局等主要情况作简单说明，给旅游者初步印象，然后再进行参观，边看边介绍，这样一来，导游效果就会好得多。

简单概述法并不是单调乏味的叙述，在运用这种方法时，导游员不只是要言辞简洁，还要辅以动听的语音语调、适当的面部表情和手势动作，才能提高旅游者的兴趣。导游员要做的工作只是简单概述景点的基本情况，而游览景点的印象则由客人去评价、去感觉。

### 3. 突出重点法

突出重点法就是在导游讲解中不面面俱到，而是突出某一方面的导游方法。一处景点，要讲解的内容很多，导游人员必须根据不同的时空条件和对象区别对待，有的放矢地做到轻重搭配，重点突出，详略得当，疏密有致。导游讲解时一般要突出以下四个方面。

（1）突出大景点中具有代表性的景观

游览大规模的景点，导游人员必须做好周密的计划，确定重点景观，这些景观既要有自己的特征，又能概括全貌。到现场游览时，导游人员主要讲解具有代表性的景观，如游览北京天坛时，就可只介绍祈年殿和圜丘坛，天坛就跃然于旅游者眼前。

（2）突出景点的特征及其与众不同之处

这一讲解方式在同一地区或同一次旅游活动中参观多处类似景观时使用，要突出介绍其特征及其与众不同之处，否则旅游者会有雷同之感，对服务质量引起质疑。例如，参观颐和园的德和园大戏楼时，导游人员会突出讲解：这是清宫的三大戏楼之一，但比故宫的"畅音阁"、承德避暑山庄的"清音阁"的戏楼都高大，是我国目前保存最完整、建筑规模最大的古戏楼。我国京剧艺术的形成和发展与"德和园"有直接的关系,"德和园"有"京剧摇篮"之称。

（3）突出旅游者感兴趣的内容

导游讲解要注意针对不同旅游者,有针对性的讲解方法往往能产生良好的导游效果。如游览故宫时,面对以建筑界人士为主的旅游团,就要突出故宫建筑的布局和特征,还应介绍其装饰物的象征意义等；面对以历史学家为主的旅游团,要突出介绍故宫的历史沿革及在此发生的重大历史事件；面对普通的旅游者,则可以突出介绍故宫的来历及有关故宫的一些传说等。

（4）突出"……之最"

人们对"最"是最感兴趣的,也喜欢追求"最",为了适应这一心理,导游人员应善于用"最"来突出景物特点。面对某一景点,导游员可根据实际情况,介绍这是世界（中国、某省、某市、某地）最大（最长、最古老、最高,甚至可以说是最小）的……因为这就是景点的特征,很能引起旅游者的兴致。如北京故宫博物院是世界上规模最大的宫殿建筑群,万里长城是世界上最伟大的古代人类建筑工程,天安门广场是世界上最大的城市中心广场等。如果"之最"算不上,第二、第三也是值得一提的,如长江是世界第三大河等,这样的导游讲解突出了景点的价值,会激发旅游者的游兴,给他们留下深刻的印象。不过,在使用"……之最"的导游讲解时,必须实事求是,要有根据,绝不能杜撰,也不要张冠李戴。

### 4. 触景生情法

触景生情法就是导游员在行车、游览途中见到景物后,不是简单地只讲一下景色,而是由此引出话题,即景起兴,借题发挥的讲解方法。这种方法不但可以使参观者知其然,而且还知其所以然,从而达到通过旅游获得知识的目的。如途经一家宾馆,导游员可以介绍该宾馆的服务水平、餐饮特色及设施情况；参观工厂时,导游员可以介绍我国国有企业改革的现状和有关政策等。旅游者看着景物,听着导游的介绍,不仅会感到自然和亲切,而且会得到极大的收获。但这种方法必须是"触景"后才"生情",不要无感而发,并且要准确把握时机,不做"事后诸葛亮"。

### 5. 制造悬念法

导游人员在导游讲解时提出令人感兴趣的话题,但故意引而不发,激起旅游者想急于知道答案的欲望,使其产生悬念的方法即为制造悬念法,俗称"吊胃口""卖关子"。这是常用的一种导游手法。通常是导游人员先提起话题或提出问题,激起旅游者的兴趣,但不告知下文或暂不回答,让他们去思考、去琢磨、去判断,最后才讲出结果。这是一种"先藏后露、欲扬先抑、引而不发"的手法,一旦"发（讲）"出来,会给旅游者留下特别深刻的印象,而且导游人员可始终处于主导地位,成为旅游者的注意中心。

制造悬念的方法很多,例如问答法、引而不发法、分段讲解法等都可能激起旅游者对某一景物的兴趣，引起旅游者的遐想，急于知道结果，从而制造出悬念。

落实悬念的方法有两种：一是通过导游人员的提示，让旅游者自己去观察、体悟、意识到悬念的结果；二是在适当的时机，导游人员向旅游者讲述悬念的结果。导游人员要运用高超的语言艺术，让旅游者听得津津有味，从而留下深刻的印象。

制造悬念法是导游讲解的重要手法，在活跃气氛、制造意境、提高旅游者游兴、提高导游讲解效果诸方面往往发挥着重要作用。

### 6. 问答法

问答法就是在导游讲解时，导游人员向旅游者提问题或启发他们提问题的导游方法。使用这一方法的目的是活跃游览气氛，激发旅游者的想象思维，促使旅游者与导游人员之间产生思想交流，使旅游者体验参与感和自我成就感的愉快；也可避免导游人员唱独角戏的灌输式讲解，加深旅游者对所游览景点的印象。问答法主要有自问自答、我问客答、客问我答几种形式。

（1）自问自答

导游员自己提出问题，并作适当停顿，让旅游者猜想，但并不期待他们回答，只是为了吸引他们的注意力，促使他们思考，激起兴趣，然后自己做简洁明了的回答或做生动形象的介绍，还可借题发挥，这样可给旅游者留下深刻的印象。

（2）我问客答

导游员要善于提问题，但要从实际出发，适当运用。希望旅游者回答的问题要提得恰当，估计他们不会毫无所知，也要估计到会有不同答案。导游员要诱导旅游者回答，但不要强迫他们回答，以免使旅游者感到尴尬。旅游者的回答不论对错，导游员都不应打断，更不能笑话，而应给予鼓励。最后由导游员讲解，并引出更多、更广的话题。

（3）客问我答

导游员要善于调动旅游者的积极性和他们的想象思维，欢迎他们提问题。旅游者提出问题，说明他们对某一景物产生了兴趣，进入了审美角色。对他们提出的问题，即使是幼稚可笑的，导游员也绝不能置若罔闻，更不要笑话他们，更不能显示出不耐烦，而是要善于有选择地将回答和讲解有机地结合起来。不过，对旅游者的提问，导游员不要他们问什么就回答什么，一般只回答一些与景点有关的问题，注意不要让旅游者的提问冲击自己的讲解，打乱自己的安排。在长期的导游实践中，导游员要学会认真倾听旅游者的提问，善于思考，掌握旅游者提问的一般规律，并总结出一套相应的"客问我答"的导游技巧，以求随时满足旅游者的好奇心理。

### 7. 类比法

类比法就是在导游讲解中用风物对比，以熟喻生，以达到类比旁通的一种导游方法。导游人员用旅游者熟悉的事物与眼前景物进行比较,既便于旅游者理解,又使他们感到亲切,从而达到事半功倍的导游效果。

(1)同类相似

这种方法是用相似的内容来进行类比。例如将北京的王府井比作日本东京的银座、美国纽约的第五大道、法国巴黎的香榭丽舍大道;对上海旅游者,可将其比作上海的南京路。讲到梁山伯与祝英台的故事时,可称其为中国的罗密欧与朱丽叶等。

(2)同类相异

这种类比法可将两种风物比出质量、水平和价值等方面的不同。例如中国长城与英国哈德良长城之比,中国故宫和日本天皇宫之比等。导游人员在作此类比较时要谨慎,绝不要话说过了头而伤害旅游者的民族自尊心。

(3)时代类比

如导游人员讲解故宫时,一般都会讲到康熙皇帝,但外国旅游者大都不知道他是哪个时代的中国皇帝。如果导游人员对法国人说康熙与路易十四同一时代,对俄罗斯人说他与彼得大帝同一时代,还可加上一句,他们在本国历史上都是很有作为的君主。这样介绍便于旅游者认识康熙,他们也会感到很高兴。

要正确、熟练地使用类比法,要求导游人员掌握丰富的知识,熟悉客源国,对相比较的事物有比较深刻的了解。面对来自不同国家和地区的旅游者,要将他们知道的风物与眼前的景物相比较,切忌作胡乱、不相宜的比较。正确运用类比法,可提高导游讲解的层次,加强导游效果。

**8. 画龙点睛法**

画龙点睛法即用凝练的词句概括所游览景点的独特之处,使旅游者领略其中的奥妙,留下鲜明的印象。画龙点睛法可用于总结语,也可用于引导语,贵在突出景观的精髓,从而帮助旅游者进一步领略其奥妙,获得更高的精神享受。例如,导游员带领旅游者游了云南之后,把云南的特点概括为"美丽、富饶、古老、神奇"八个字,这八个字把云南的独特之处概括无遗,使旅游者领略到了云南美的精华。

**9. 虚实结合法**

虚实结合法是指在导游讲解中通过穿插人物传说、历史故事等以增强讲解效果的方法,也叫故事讲解法。这种方法大多用于游览名胜古迹、名山大川等时,可以起到烘托气氛,增加情趣,引起共鸣和思考的效果。"实"就是所见的实景、实物,客观存在的东西;"虚"就是与实景、实物有关的民间传说、神话故事、逸闻趣事等。在具体应用时,应以"实"为主,以"虚"为辅,"虚""实"结合。在中国,几乎每一个景点都有一个美丽的传说,如杭州西湖有"西湖明珠自天降,龙飞凤舞到钱塘"的传说。

在导游讲解中,虚实结合法运用得好可以增添旅游者的游兴。但在虚实结合法的使用过程中，切忌胡编乱造，无中生有。典故、传说等的运用必须以客观存在的事物为依托，以增强旅游者的可信度。

### 10. 数字说明法

数字说明法是一种引用具体数字，精确地说明事物的形体特征、性能特点和功用大小的方法。导游讲解中离不开数字，因为数字是帮助导游人员精确地说明景物的历史、年代、形状、大小、角度、功能、特性等方面内容的重要手段之一。但是，使用数字必须恰当、得法，如果运用得当，就会使平淡的数字发出光彩，产生奇妙；否则，就会令人产生索然寡味的感觉。运用数字忌讳平铺直叙，因为导游讲解不同于教师上课，一味地多大、多小、多宽等，大量的枯燥数字会使旅游者厌烦。如导游人员在介绍北戴河概况时，可以说："北戴河三面环水，绿树成荫，风景秀美，年平均气温10℃，7月份最高平均气温24.5℃，比同纬度的北京低2℃，日温差6℃，1月份最低平均气温7℃，是名副其实的避暑胜地。"这样一组数字，比再多的形容词都更有说服力，证明北戴河确实是避暑消夏的好去处。

除了上述几种导游方法外，我国导游人员还总结出了很多，这里不再详细介绍。导游方法虽然很多，然而，在具体工作中，每种导游方法和技巧不是孤立的，而是相互依存、相互联系的。导游人员在学习和使用时，必须结合自己的特点融会贯通，在实践中形成自己的导游风格和导游方法，才能获得不同凡响的导游效果。

## （三）应对技能

导游人员与旅游者的交往时间虽然不长，但涉及范围很广。大家相处一般是轻松愉快的，但有时也会出现不愉快、令人尴尬的情况。此时，如果导游人员的语言技巧娴熟，应对得当，就可化解矛盾、解决难题，使旅游者满意，导游人员自己也高兴，双方关系就会更和谐，也可以显示导游语言的高品位和导游服务的高质量。

导游人员与旅游者的交往广泛，涉及的问题很多，下面就从"应答""道歉""提醒""拒绝""聚谈"等方面简单介绍导游人员常用的应对技巧。

### 1. 应答

导游人员与旅游者在一起，一般是友好相处，有问有答，谈笑风生。但是，旅游者中总有那么一小部分人，或由于秉性，或由于误解、错觉，或故意发难，喜欢不时地刁难导游人员，还可能提出一些挑衅性问题。

应对旅游者的刁难，处理挑衅性的问题，政策性强，但又不能回避，这就要求导游人员沉着冷静，必要时据理驳斥，表明自己的立场、观点。

（1）沉着应对

①"冷处理"。对个别旅游者的刁难和挑衅，绝不能一听就头脑发胀，与其

针锋相对，高声驳斥。正确的做法是：在一般情况下应是"冷处理"。有关政见问题，最好别当面争论，以免激化矛盾。

导游人员必须明白：旅游者是客人，自己是主人，主人要有主人的雅量，要有热情好客的态度；旅游者是接受服务者，而自己是服务者，服务者必须坚持"宾客至上""服务至上"原则，要求导游人员沉得住气，敏捷、机智地应对个别人的刁难和挑衅。

② 避免正面冲突。导游人员要有主人的气度，但不能太大度，不能无原则地一味忍让，而在必要时进行适度反击，但反击要有理、有力、有节，要力求不伤主人之雅、不损客人之尊，避免正面、公开冲突。

③ 不可意气用事。导游人员与旅游者交往，什么时候都不能意气用事。对持有不同政见者，对刁难过、挑衅过自己的旅游者，事后都不得故意冷落他们、不为他们服务；而是相反，相遇时要热情招呼，要继续为其周到服务，满足他们的正当要求。

（2）正面回答

如果有个别旅游者提出有关国家统一、民族团结、邪教问题、歪曲历史等诸如此类的原则性问题，导游人员一定要立场坚定、观点鲜明地给予明确回答，必要时严正驳斥。特别是在一些作为爱国主义教育基地的旅游景点（如中国人民抗日战争纪念馆），若有人歪曲战争性质、否认日本军国主义侵略中国时，导游人员一定要予以严正驳斥，绝不能退缩，不能假装没有听见。但是，不管是正面回答还是严正驳斥，必须有理有据，绝不能愤怒地大叫大闹。

### 2. 道歉

由于旅行社安排不当，或由于导游人员的工作失误，造成旅游者不愉快、抱怨甚至抵触，导游人员发现后必须立即采取相应的弥补措施，或满足其正当要求，或给予某种补偿，同时记得要向旅游者道歉，获得他们的谅解。

（1）道歉要及时

导游人员一旦发现接待单位错了或自己错了，就应向旅游者道歉，越早越好。勇于承认自己的过失、敢于承担责任的导游人员不但不会引起旅游者的反感，还会得到他们的尊重。而那些知错不敢承认、不愿承认，设法遮掩、拖拉，甚至狡辩的导游人员肯定会被旅游者瞧不起，定会陷入被动、尴尬的处境，甚至会影响游览活动的顺利进行。

（2）道歉要真诚

导游人员知道错了，就应真心诚意地向旅游者道歉。真诚的道歉会得到旅游者的谅解，获得他们的好感。导游人员必须注意，不要让旅游者感觉到你的道歉是被迫的，甚至在推卸责任。若是这样，就有可能造成更多的麻烦。

（3）道歉要大方

错了就是错了，导游人员知道错了，就应实事求是地承认错误，就得大大方方地向旅游者道歉。如果导游人员能在全团旅游者面前道歉，效果会更好，会使客导之间的关系更加融洽。

（4）勇于承担责任但不要大包大揽

导游人员知错就要勇于承认，知错就改，知错就要向旅游者真诚道歉，但不能大包大揽，把某事的所有责任都揽在自己身上。若这样，绝不表明导游人员勇敢、风格高尚，而只能证明他的无知。导游人员要知道，如果自己大包大揽，可能会影响旅游企业的声誉，可能造成经济损失。所以，导游人员要学会分清责任，勇于承担"自己的"责任，不做赔偿承诺。有时，导游人员虽然要向旅游者致以歉意，但要设法表明"责任不在我"。例如，旅游团因更换航班比原计划提前到达，地陪事先并不知道，等到导游人员赶去会合时，有的旅游者就可能不满，发出指责、抱怨声，这时导游人员会感到委屈，但绝不能说"这不是我的责任，是你们提前到了"。若这样说，旅游者会更生气，导游人员只会更被动。通常，导游人员最好这样说："我刚知道各位提前到达，让你们久等了，请各位原谅。在以后的游览过程中请各位给我机会弥补这次过失，让大家在北京游览愉快。"这样说，表明我没有迟到，而是你们早到了，责任不在我；"请大家原谅""弥补过失"之类的话显示了导游人员的风度；"让大家游览愉快"本来就是导游人员的责任，而在这里说，显示出导游人员友好的态度、良好的作风，定会收到很好的效果。

3. 提醒

导游人员应认识到：对旅游者提醒的主要原因是旅游者的群体意识较差或个人行为对旅游活动产生了某些影响，如经常迟到、独自活动、遗忘物品等。导游人员提醒的目的是出于对旅游者的关心，也是为了保证旅游团整体活动顺利而有序地进行。因此，导游人员在对旅游者的某些行为需要提醒时，应使用委婉的语言。

（1）敬语式提醒

敬语式提醒是导游人员使用恭敬口吻的词语，对旅游者直接进行提醒的方式，如"请大家安静一下"。这样的提醒比命令式要好得多，会使旅游者易于接受。

（2）幽默式提醒

幽默式提醒是导游员用有趣、可笑而意味深长的话语对旅游者进行提醒的方式。导游员运用幽默的语言进行提醒，既可使旅游者获得精神上的快感，又可使旅游者在欢愉的气氛中受到启示或提高其警觉性。如几位年轻旅游者在游览时，纷纷爬到一尊大石象的背上照相，导游员见了赶忙上前提醒他们："希望大家不要欺负这头忠厚老实的大象！"这比一脸严肃地说"你们这样做是损坏文物，是要罚款的"效果好得多。

（3）协商式提醒

协商式提醒是导游人员以商量的口气间接地对旅游者进行提醒的方式，以取得旅游者的认同。如当导游人员见老年旅游者走累的时候可以亲切地说："这儿的景色不错，我们不妨坐下来观赏一番。"旅游者欣然同意了。如果导游人员说："您年纪大了，很累吧？我们坐下来歇一歇吧。"则很可能引起旅游者的反感，尤其是来自西方国家的旅游者，不喜欢听到别人说他年纪大。

### 4. 拒绝

旅游者会提出种种要求，很多是合情合理的，也有可能办到的，但也会有一些既不合理又不可实现的要求，甚至是无理的要求。对于这类要求，导游人员无法或不能予以满足，就得拒绝。通常，旅游者大多是明白人，只要导游人员耐心地讲清道理，他们会接受导游人员的解释，会谅解导游人员。然而，拒绝旅游者的要求，不免会让部分旅游者失望，使他们感到伤了面子。因此，客导之间可能会失和，为短暂的旅游活动蒙上阴影。

导游人员既要拒绝旅游者的不合理要求，又不伤对方的面子，还能得到对方的谅解，这确实不容易做到，这就要求导游人员学会一些回绝旅游者的技巧和方法并准确运用。

（1）婉言拒绝

旅游者提出的要求虽然合理但实现不了，导游人员不能直截了当地一口拒绝，以免伤了对方的自尊心。最好是先肯定对方的要求，然后婉转地说明不能实现的理由。例如，旅游者要求增加计划外的游览活动，但时间不允许，导游人员就可以这样予以婉拒："你们的要求有道理，要去观赏的景点确实很美，如果时间许可的话，我会尽量安排。"

（2）借故推托或以动作回绝

对旅游者提出虽然合理但难以实现的要求和建议，导游人员可用耸肩摊手的动作表示"无可奈何""办不到"；对导游人员不愿或不能应允的要求，可以微微一笑、摇摇头的方式回绝，或用"我累了""我有事"等借口推托。

（3）沉默、回避

对一些棘手的问题，甚至挑衅、有侮辱意味的要求，对无理取闹者、恶言伤人者，导游人员可以沉默来回答。这时，沉着冷静、沉默以对往往胜于雄辩。对一些难以回答的问题，导游人员可顾左右而言他，或借口回避。

（4）直接拒绝

对一些原则性问题，对一些有伤风化或我国法律禁止的要求和建议，导游人员必须明确无误地拒绝。

对一些即使合理但根本实现不了的要求，导游人员要说明原委，致以歉意，但应当机立断，明确告知不能满足其要求。有的导游人员对旅游者的个别要求明知办不到，但怕伤和气，或者不好意思当场回绝，就含糊地答应了，这样做不仅会误事，还可能会更伤和气，让导游人员处于尴尬境地。

5. 聚谈

导游人员与旅游者相处的时间不长，但应充分利用各种机会多与他们交谈，让他们更多地了解中国、了解景点，导游人员也在交谈中进一步熟悉客源国（地）。为了使聚谈成功，应该掌握谈话艺术并熟练运用，而高超的谈话绝非一日之功，希望导游人员勤奋学习，虚心请教，勇于实践，并做有心人，长期总结、积累。

导游人员与旅游者交谈时若能注意下述诸方面，一定会达到比较理想的效果。

（1）善于选择话题

导游人员与旅游者交谈一般不宜开门见山、直接切入某一话题，而应先说一点别的。例如，与英国人聊聊天气，与法国女性谈谈服饰打扮，与老人说说养生之道，等等，然后趁机转入某一话题。为了使聚谈愉快、成功，导游人员要善于选择以下话题。

① 大家感兴趣的话题。大家相聚交谈，话题不能太专业，曲高则和寡，而要选择在场的大多数人感兴趣，大家都能说上话的内容，例如社会新闻、旅游奇观等。

② 令大家高兴的话题。聚谈，忌讳令人扫兴、不愉快的话题。大家聚在一起，是为了寻求愉悦和舒畅，是为了增进相互了解。因此，应选择令大家高兴的话题。

③ 健康的话题。聚谈，忌讳格调低下的话题，那些乱七八糟的庸俗内容绝不是导游人员与旅游者欢聚时的交谈内容。另外，导游人员与旅游者交谈，必须讲究语言文明，摒弃脏话、粗话等语言"垃圾"。

④ 客导聚谈，不涉及他人隐私，不在背后胡乱评论他人，不评论他人的服饰打扮，不对他人的生理特点尤其是生理缺陷说三道四，不讲他人忌讳之事等。

◆【案例分析】

导游王小姐接待了一所大学组织的庆"三八"女教师旅游团。在旅游接待过程中，小王努力工作，行程也比较顺利。在和客人聊天的时候，小王了解到有一位中年教师是位旅游专业的副教授，而且在旅游培训方面有着丰富的经验，也经常听到同行提起她的鼎鼎大名。于是她非常高兴地和那位女教师攀谈起来，言谈举止中对这位老师充满了尊敬。最后她问那位教师："您是不是参加工作已经二十多年了？"谁知那位老师脸色一变，回答说："我有那么老吗？"随即便走开了，小王被晾在了那里，摸不着头脑。后来才得知那位女老师刚刚满36岁。

分析：在案例中，导游员小王在和旅游者交谈时，只想表达自己的尊敬之情，夸奖女教师经验丰富、德高望重，没想到因此引起女教师的强烈不满。因为小王没有考虑到，如果按她的说法，那位教师工作了20多年，至少也40多岁了，会让那位老师觉得自己看上去真有那么老吗？虽然小王本身并无恶意，但这样肯定会引起那位教师的不快了。作为导游员一定要了解中年女士的心理，她们都希望别人说她们年轻漂亮。所以在导游与女游客交谈时，无意中涉及年龄，如果你说她看起来比实际年龄至少年轻10岁，她会心花怒放的。

（2）善于随机应变

当话不投机时，导游人员要灵活地转移话题，必要时向对方致以歉意；如果旅游者不想说话或不打算多说话，就不要与之攀谈，更不得纠缠，而是寒暄几句后就客气地分手。谈话的灵活性还表现在对不同对象讲不同的话、持不同的态度。例如，对长者讲话要恭敬、认真，要完整地听他们把话讲完或把意思表达清楚；与女性讲话要谦让、谨慎，不过多地开玩笑，等等。聚谈时，导游人员要灵活应变，但不要让对方产生"油滑"的感觉。聚谈时，若旅游者提出的问题没有听懂，导游人员不要急于回答，更不要在没有听清对方讲话内容时就乱下结论或做出强烈反应。

（3）认真倾听

听别人讲话，一要耐心，即要约束自己，集中注意力听；二要会心，即主动反馈，做出心领神会的反应；三要虚心，即要尊重对方的意见、平等交谈。

（4）聚谈七忌

① 忌居高临下。导游人员与旅游者交谈，要自然大方、平等相待，切莫居高临下、强加于人。

② 忌口若悬河。聚谈，就得注意对话，要给对方充分的谈话机会，忌讳一个人喋喋不休、讲个没完。

③ 忌吹嘘自己。聚谈的目的是交流，这绝不是吹嘘自己的场合。急于表露自己、炫耀自己往往会适得其反，达不到预期的效果。而质朴谦虚、与人友好交谈者反而能获得他人的信任和敬重。与人交谈时，忌矫揉造作、装腔作势、咬文嚼字、故弄玄虚。

④ 忌言不由衷。与人交谈，要实事求是、恰如其分，忌讳表里不一、言不由衷。

⑤ 忌恶言伤人。在聚谈场合，切忌恶言伤人，要做到不攻击他人，不当众指责他人，不对人挖苦嘲弄；忌讳蔑视语、烦躁语、斗气语；讲话不要尖酸刻薄，尖刻者易树敌。

⑥ 忌冷落他人。三人以上聚谈，导游人员注意不要只与某一人长谈或窃窃私语而冷落他人，一般应不时地用目光扫视大家或简短地向他人致以礼貌性问候；在同一语种的人群中，不要用多数人不懂的另一种语言与少数人交谈；对弄不清、拿不准的问题，可与个别人商量，但不要只顾商量，而长时间地把其他人

扔在一边。总之，导游人员不要冷落任何人，不要让任何旅游者产生被遗弃的感觉。

⑦忌有问不答。与旅游者交谈，导游人员应做到有问必答，不回答是失礼的行为。旅游者问话，即使导游人员感到可以不答或不愿回答，但出于礼节还是应适当回答。

◆【技能训练】

"×××一日游"导游讲解

训练安排：

① 每位同学要充分利用图书、网络、计算机等资源，撰写导游词，制作PPT课件；

② 针对接待的不同旅游者，做8～10分钟的现场导游讲解；

③ 道具、方式等自选。

④ 评价考核表如表1-3所示。

表1-3 "×××一日游"导游讲解技能考核表

| 学习目标 | 评价内容 | 分值 | 教师评价 |
| --- | --- | --- | --- |
| 景点讲解（30分） | 讲解内容全面、条理清晰、详略得当、重点突出 | 12 | |
| | 讲解方法运用得当 | 8 | |
| | 讲解生动、有感染力 | 4 | |
| | 回答提问准确、熟练 | 6 | |
| 语言表达（25分） | 普通话标准 | 5 | |
| | 语速适中 | 5 | |
| | 用词准确、恰当、有分寸 | 5 | |
| | 内容有条理，富有逻辑性 | 5 | |
| | 表情及其他身体语言运用得当 | 5 | |
| 导游规范（20分） | 熟知并能正确运用导游服务规范 | 12 | |
| | 导游服务程序正确、完整 | 8 | |
| 应变能力（20分） | 在有压力的情况下，思维敏捷、情绪稳定、考虑问题周到 | 10 | |
| | 能够妥善处理突发事件和特殊问题 | 10 | |
| 仪表、礼仪（5分） | 穿着打扮得体、整洁 | 2 | |
| | 言行举止大方，符合导游员礼仪规范 | 3 | |

## 任务二　带团技能

◆【任务情境】

南京××旅行社的导游员小陈在带领旅游者参观南京中山陵时，从底下走到纪念堂前共有392级台阶（其中有8个平台）。小陈带了一段路就站在原地开始讲解孙中山先生的生平。等到后面的旅游者到齐后，又归纳性地总结以及介绍了些孙中山先生的趣闻逸事，然后再带领旅游团队继续行走。过了一会儿，这位导游员又停了下来，讲解孙中山先生墨迹"天下为公"的历史背景和由来。以后，他停下来讲解纪念碑、两侧的桂花树……就这样，导游一会儿停，一会儿讲，停停讲讲，讲讲停停，带着旅游者一直来到纪念堂门前，旅游者既不觉得累，又增长了不少知识，整个旅游团没有一个旅游者掉队和走失。谈谈你对导游带团技能的认知。

◆【任务分析】

导游人员的带团技能贯穿于旅游活动的全过程之中，其水平高低直接影响到导游服务的效果。导游员在处理行走节奏上，其方法是尽量使整个旅游团队始终保持在一定的范围内活动，整体移动使得导游员既能管住"面"，又能抓住"点"。导游员要善于将较长距离的路程（包括爬山等），有计划地分割成几个较短的路程，加上导游员在此期间的风趣、幽默、出色的讲解以及得当的宣传工作，是能够比较妥善地解决旅游者在体质上的差异问题的。导游员心里也应该十分清楚，如果走失了一位"弱者"旅游者，那是导游员的失职行为，要把走失者找回来，其精力和工作量远远要超过带团时所耗费的体力。另外，导游员还要经常关心"弱者"，使他们真正感到导游员是可以信赖的。导游员带领旅游者去景点游玩，去饭店用餐等，都应在行走速度上掌握节奏，要知道一般体质好的旅游者大多数是跟在导游员身后的，而那些体质较弱或年老体衰者总是落在队伍的最后面。

◆【知识链接】

导游人员的带团技能，是指导游人员根据旅游团的整体需要和不同旅游者的个别需要，熟练运用能提高旅游产品使用价值的方式、方法和技巧的能力。导游人员在带团游览参观和导游工作中起着协调、沟通上下、内外、左右的重要作用。如果导游人员放任自流，无力驾驭旅游团，既不能完成导游任务，又容易发生导游效果差、漏景、旅游者走失等事故。由于导游人员与旅游者之间在地区生活、民族习俗、文化信仰等方面存在着诸多差异，因此，认真研究带团技能，因人而异地运用导游策略，是每个导游人员不可忽视的必备知识。只有这样，才能取得比较理想的带团效果。

### （一）导游带团的特点

**1. 浅层次性**

导游带团的过程是导游员与旅游者的人际交往过程，他们之间的这种交往因缺乏选择性，彼此在情感上具备一定的被勉强性。同时，导游接待的旅游团（旅游者）一般不会重复，这就决定了导游员同旅游者之间一般不会存在长期的主客关系。因此，一般来讲，导游带团仅仅是一种同旅游者停留在浅层次上的交往过程。

一个导游员带过的团可能不计其数，但每一个团对导游员来说都是新鲜的，旅游者和导游员的关系也就不复杂，导游员不会因同前一个旅游团的纠葛而影响同下一团的旅游者建立良好关系。当然，导游员要调整好自己的心态和情绪，并建立成功的信念。

**2. 主动性**

导游员是服务的主体，处于主导地位，导游员的主动性行为构成了导游带团的又一特点，即主动性。旅游是对异乡的向往而引起的一种空间转移行动，然而，旅游者来到了陌生的旅游地，又会陷入迷茫的状态。作为接待方代表的导游员，就要主动介绍行程、景物和服务设施等旅游者需要了解的事项，而不是等他们问了再说。

另外，也要主动了解旅游者对旅行生活等方面的意见，如饮食是否可口、卫生，住房是否舒适、方便等。尽管有的旅游者对旅游接待中的某些环节不满不会张扬，也就是不会主动要求被服务，但是久而久之是会引发严重后果的。因此，导游的服务必须主动。

**3. 契约性**

导游带团要引导旅游团顺利完成旅游活动，其前提条件之一就是以提供按旅游合同规定的产品，即以旅游者和旅行社签订的旅游合同为基础，即具备契约性。

旅游者花钱购买旅游产品，导游员要按照旅游合同上规定的内容来执行。如合同上规定的景点是否都去游览了，吃、住、行等方面是否是按标准提供，旅游者对导游服务的最终评价也是来源于此。对于相关单位提供的不符合标准的旅游产品，导游员要让其给予说明并进行补偿。

### （二）导游人员带团的原则

导游人员带团时，一般应遵循以下原则。

#### 1. 旅游者至上原则

导游人员在带团过程中，应做到：具有强烈的责任感和使命感；工作中要明辨是非曲直；任何情况下都要严格遵守职业道德；遇事多从旅游者的角度去思考，将维护旅游者的合法利益摆在首位。

#### 2. 履行合同原则

导游人员带团要以旅游合同为基础。是否履行旅游合同的内容，是评价导游人员是否尽职的基本尺度。一方面，导游人员要设身处地地为旅游者考虑；另一方面，导游人员也应考虑到本企业的利益，力争使旅游者在合同约定的范围内获得优质的服务，使旅行社获取应得的利益。

#### 3. 公平对待原则

尊重他人是人际交往中的一项基本准则。不管旅游者是来自境外或境内，也不管旅游者的肤色、语言、信仰、消费水平如何，导游人员都应一视同仁，公平对待。特别是不应对一些旅游者表现出偏爱，从而造成旅游团队内部关系的紧张，影响到导游服务的正常进行。

### （三）导游的带团技能

#### 1. 树立良好的形象

（1）重视第一印象

旅游者与导游员初次接触时，往往具有复杂的心理状态。导游员表现出来的第一印象，将会在旅游者心中形成一种心理定式，并很可能成为评判导游员的依据。一旦这种定式形成，便不大容易改变。尽管第一印象不一定准确甚至与实际情况完全相反，但要改变它还是要费不少周折，也可能要通过几倍的努力才能改变过来。导游人员绝对不可小视第一印象，必须十分留意自己的仪容、神态、语言和举止。良好的第一印象既有助于旅游者增强对导游员的信任感，提高与导游员合作的概率，也有助于导游员深入地了解旅游者的需求，有针对性地做好导游服务工作。

（2）保持良好形象

美好的第一次亮相并不表示导游人员就此可以一劳永逸，万事大吉。就旅游者而言，他们不会满足于导游人员的首次良好形象，他们希望导游人员能一直保持良好形象，多干实事，善始善终地为他们提供优质的服务。

从职业的角度看，旅游者对导游人员的总体评价是根据导游人员的一贯表现作出的，而不是仅凭第一印象。所以，导游人员在旅游者面前必须从始至终保持良好形象。树立良好形象的途径有以下几点。

① 注重仪容、仪表和仪态。

② 表现良好的风度、气质和修养。

③ 多同旅游者沟通。

④ 提供微笑服务,加强服务意识。

⑤ 了解旅游者心理,保持愉快气氛。

⑥ 准备充分,反应迅速,多干实事,不说空话、大话。

**2. 搞好与领队、司机及其他旅游接待单位的合作**

导游工作是联系各项旅游服务的纽带和桥梁。导游人员在带团时离不开其他相关旅游服务部门和工作人员的协作,同时也能够帮助其他相关旅游服务部门和人员的工作。导游工作与其他旅游服务工作的相辅相成关系决定了导游人员必须掌握一定的协作技能。

(1) 导游人员与领队的协作

一般来说,旅游团的领队都有着比较丰富的旅游经验,也注意与导游员的合作。但是也有极少数的领队由于个性(如怪癖或缺乏耐心)或自私等原因,使得导游员难于与他们合作。旅游团领队是一个十分重要的角色,所以,导游员不论遇到多大困难,与领队的合作是必需的。怎样与领队搞好关系呢?导游员要做到以下几点。

① 尊重领队权限,支持其工作。维护旅游团的团结,与接待旅行社的导游人员联络,是领队的主要工作。领队提出意见和建议时,接待社导游人员要给予足够的重视;在生活中和工作上遇到麻烦时,接待社导游人员要给予领队必要的支持与帮助;当旅游团内部出现纠纷或者领队与旅游者之间产生矛盾时,接待社导游人员一般不要介入,以尊重领队的工作权限,但必要时可助其一臂之力。这样做有助于相互产生信任感,加强双方的合作。

② 多协商,主动争取领队的配合。导游人员遇事要与领队多协商,争取领队的配合。一是领队有权审核旅游活动计划的落实情况,二是导游人员可通过领队更清楚地了解旅游者的兴趣爱好以及生活、游览方面的具体要求,从而向旅游者提供更具针对性的服务,掌握工作的主动权。尤其在游览项目被迫变更、旅游计划发生变化或在旅游者与接待社导游人员之间出现矛盾时,导游人员要多与领队商量,实事求是地说明情况,争取领队的理解和配合。

③ 尊重领队,调动其积极性。要想搞好与领队的关系,首先是导游人员要尊重领队。导游人员要尊重领队的人格,认真听取领队的意见和建议,发挥领队的特长。只要导游人员诚心诚意地尊重领队,多给他荣誉,一般情况下领队会领悟到导游的尊重和诚意,从而采取合作的态度。

④ 避免和领队发生正面冲突。导游服务中,接待社导游人员与领队在某些问题上可能相左,一旦出现这种情况,接待社导游人员要主动与领队沟通,化解

误会，避免分歧继续发展。一般情况下，接待社导游人员要尽量避免与领队发生正面冲突。

在涉外导游服务中，有些职业领队曾多次带团访华，对中国的情况比较了解，他们为了讨好旅游者，一再提"新主意"，给中方的导游人员出难题，以显示自己的"知识渊博""对中国了解"以及"为旅游者着想"。还有些领队为照顾自己的旅游者，以换取他们的欢心，多得实惠，而不考虑实际情况。对这种不合作的领队，导游人员绝不要让其牵着鼻子走，以免被动，应采取适当措施，如做好旅游者的工作，争取大多数旅游者的同情和谅解，必要时警告这种领队并报告他的上级。对那些本身是老板的领队，可采用有理、有利、有节和适当方式与之抗争。有理，即指出其苛求已超出旅游合同确定的内容；有利，即选择适当的时机；有节，即言明后适可而止。最好采用伙伴间的交谈方式，使之有所领悟，必要时也可当着旅游者的面提醒领队。在抗争中，导游人员应始终坚持以理服人，不卑不亢，不与其当众发生正面冲突，更不得当众羞辱领队，还要适时给领队台阶下，事后仍要尊重领队，遇事多与领队磋商，仍要关心他的生活，争取以后的合作。

（2）导游人员与司机的协作

旅游车司机在旅游活动中扮演着非常重要的角色，司机一般熟悉旅游线路和路况，经验丰富，导游人员与司机配合得好坏，是导游服务工作能否顺利进行的重要因素之一。

① 及时通报信息。旅游线路有变化时，导游人员应提前告诉司机；如果接待的是外国旅游者，在旅游车到达景点时，导游人员用外语向旅游者宣布集合时间、地点后，要记住用中文告诉司机。

② 协助司机做好安全行车工作。导游人员在协助司机做好安全行车工作时，应注意的问题有：帮助司机更换轮胎，安装或卸下防滑链，或帮助司机进行小修理；保持旅游车挡风玻璃、后视镜和车窗的清洁；不要与司机在行车途中闲聊，影响驾驶安全；遇到险情，由司机保护车辆和旅游者，导游人员去求援；不要过多干涉司机的驾驶工作，尤其不应对其指手画脚，以免司机感到被轻视。

③ 与司机研究日程安排，征求司机对日程的意见。导游人员应注意倾听司机的意见，从而使司机产生团队观和被信任感，积极参与导游服务工作，帮助导游人员顺利地完成带团的工作任务。

（3）导游人员与全陪或地陪的协作

无论是做全陪或地陪，都有一个与另一个地陪或全陪配合的问题。协作成功的关键便是各自应把握好自身的角色或位置，要有准确的个人定位，要认识到虽受不同的旅行社委派，但都是旅游服务的提供者，都在执行同一个协议。导游人员与全陪或地陪的关系是平等的关系。

导游人员正确的做法应该是：首先要尊重全陪或地陪，努力与合作者建立良好的人际关系；其次，要善于向全陪或地陪学习，有事多请教；此外，要坚持原则，平等协商。如果全陪或地陪"打个人小算盘"，提出改变活动日程、减少参观游览时间、增加购物等不正确的做法时，导游人员应向其讲清道理，尽量说服并按计划执行。如对方仍坚持己见、一意孤行，导游人员应采取必要的措施并及时向接待社反映。

（4）导游人员与旅游接待单位的协作

旅游产品是一种组合性的整体产品，不仅包括沿线的旅游景点，还包括沿线提供的交通、食宿、购物、娱乐等各种旅游设施和服务，需要旅行社、饭店、景点和交通、购物、娱乐部门等旅游接待单位的高度协作。作为旅行社的代表，导游人员应搞好与旅游接待单位的协作。

① 尊重相关旅游接待人员。是否尊重为旅游者提供相关旅游服务的工作人员，是衡量导游人员修养的重要标志。导游人员应尊重自己的同事，尊重其他同事的劳动和人格。当其他专业人员登场为旅游者服务时，导游人员应起辅助作用。

② 多与旅游接待单位沟通，及时了解信息。由于旅游接待中涉及的环节多，情况经常发生变化。为了保证旅游接待环节不出现问题，导游人员应与景点、饭店、餐厅、机场（火车站、码头）等相关单位保持联系，及时了解各种信息，以确保旅游活动的顺利进行。

③ 工作上相互支持。在与饭店、交通、景区景点以及其他部门工作人员的接触中，导游人员应在工作上给予他们支持和帮助，使旅游者在旅游活动的各个环节都能感到满意。接待单位的服务做得再好，也难保工作上万无一失。因此，导游人员一定要和相关部门的工作人员配合好，共同做好旅游接待工作。

### 3. 向旅游者提供心理服务

旅游者是旅游活动的主体，是旅游业生存和发展的基本条件，是导游人员的服务对象。导游员在导游服务过程中要推荐好的旅游项目，正确引导旅游者购物，灵活调整行程。不但要提供灵活的讲解等常规服务，还要提供特殊的超常规的服务。周到、细致的全方位服务，是导游人员带好旅游团的关键。

（1）尊重旅游者

自尊心，包括变态的自尊心（即虚荣心），是人的最为敏感的心理状态。尊重，是指要尊重旅游者的人格和愿望，是要在合理而可能的情况下努力满足旅游者的需求，满足他们的自尊心（虚荣心）。尊重在心理上的位置极为重要，有了尊重才有共同的语言，才有感情上的相通，才有正常的人际关系。

导游人员必须明白：只有当旅游者生活在热情友好的气氛中，自我尊重的需求得到满足时，为他提供的各种服务才有可能发挥作用。"扬他人之长，隐其之短"是尊重旅游者的一种重要方法。在旅游活动中导游人员要妥善安排，让旅游者进行"参与性"活动，使他获得自我成就感，从而使其在心理上获得极大的满足。不过，导游人员要注意，"参与性"活动绝不能勉强旅游者，避免触动他们的自卑感。

（2）提供微笑服务

微笑是自信的象征，是友谊的表示，是和睦相处、合作愉快的反映。微笑能产生感染力，刺激对方的感官，引起共鸣，从而缩短人与人之间的距离，架起和谐交往的桥梁。

微笑是一种无声的语言，有强化有声语言、沟通感情的功能，有助于增强交际效果。有一位旅游专家指出："在最困难的局面中，一种有分寸的微笑，再配上镇静和适度的举止，对于贯彻自己的主张，争取他人合作会起到不可估量的作用。"导游人员若想向旅游者提供成功的心理服务，就得向他们提供微笑服务，要笑口常开，要"笑迎天下客"。

（3）使用柔性语言

俗话说"一句话可以使人笑，也可以使人跳"。一句话说好了会使旅游者感到高兴，赢得他们的好感；反之，则有可能刺伤他们的自尊心，引起旅游者的不满。让人高兴的语言往往柔和甜美，所以称之为"柔性语言"。导游人员与旅游者说话时要语气亲切、语调柔和、措辞委婉，尽量用商讨的口吻。这样的语言使人愉悦亲切，有较强的征服力，往往能达到以柔克刚的效果。

导游人员在与旅游者相处时绝不要争强好胜，不要与旅游者比高低、争输赢，不要为满足一时的虚荣心而做"嘴上胜利者"，而要在导游服务中贯彻"双胜原则"。当然，"争输赢"和"明辨是非"不是一码事，不能混为一谈。

旅游者中若有人不讲道理时，导游人员仍要注意自己的言语，不要说伤害旅游者人格和自尊心的话，不要讽刺挖苦他们，更不能蛮横无理，对他们恶言相向。

（4）与旅游者建立伙伴关系

在旅游活动中，旅游者不仅是导游人员的服务对象，也是合作伙伴。为了获得旅游者的合作，一个很重要的方法就是导游人员设法与旅游者建立正常的伙伴关系。要与旅游者建立起正常的情感关系，尊重他们，与他们保持平行性交往。

（5）提供个性化服务

在带团过程中，导游人员除了要提供标准化的导游服务之外，还应该注重提供个性化服务。标准化服务只能保证多数旅游者比较满意，只有个性化服务才能使更多的旅游者满意，甚至可能达到所有旅游者满意。因此，导游人员在带团过程中要注意观察旅游者，预测其需求，提供个性化服务。

#### 4. 做好重点旅游者的接待工作

旅游者来自不同的国家和地区，他们在年龄、职业、宗教信仰、社会地位等方面存在较大的差异，有些旅游者甚至非同一般、特点尤为突出，导游人员必须给予特别重视和关照，因此称之为特殊旅游者或重点旅游者。虽然他们都是以普通旅游者的身份而来，但接待方法有别于一般的旅游者。

旅游者中不乏儿童、老年人、宗教界人士和残障人士，还有特殊身份和有很高社会地位的旅游者，对导游人员而言，他们是旅游者，但对他们的服务必须有别于一般旅游者，如果稍有疏忽，或重点不突出，就有可能发生很多麻烦，造成不良后果。所以，导游人员要高度重视特殊旅游者的接待，要不怕麻烦，要不辞辛苦，力争为他们提供优质的导游服务。

（1）对儿童的接待

父母外出旅游时，一般会携带年幼的子女同行，让他们见见世面，增长他们的见识。导游人员接待的旅游者中有儿童时，要特别注意。

当然，旅游期间，儿童安全的主要责任者应该是他们的父母，但导游人员绝不能因此而掉以轻心，而要重视这些特殊的旅游者。对待儿童，导游人员应做好下述工作。

① 重视儿童的安全。首先，照顾好儿童。导游人员应该随时提醒儿童的父母照管好自己的孩子，特别在人多、热闹、较乱的地方游览时，在上山下山、上下台阶时，在崎岖不平的道路上或在河、湖边行走时，要提醒父母照顾好自己的孩子，不要让孩子乱跑，以免他们走散、走失，避免孩子摔跤，掉到河、湖里去。但导游人员也要随时注意孩子的动向，协助父母管好孩子，防止意外事故的发生。有时讲一些有趣的童话故事，既活跃气氛也可以吸引孩子。

其次，警惕坏人拐骗儿童。导游人员还要注意不要让可疑的生人接近孩子，以防不法分子拐骗儿童。

最后，有病及早诊治。孩子生病，导游人员要提醒其父母：及早去医院诊治；必要时，陪他们去医院；但不建议他们用什么药，更不得将随身携带的自用药给儿童服用。

② 多关照儿童，但要适度。一是多关心儿童。导游人员要做到：多关心孩子的衣着冷暖；提醒父母让孩子多休息，别太累；用餐时与餐厅服务人员联系为孩子提供专用的椅子、餐具。

二是多关照，但要适度。导游人员要做到：对儿童要多关照，但不能冷落其他旅游者；关心孩子是应该的，但不能溺爱，不能迁就他的坏习惯，更不能满足他的无理要求。

③ 掌握儿童的收费标准。根据儿童的年龄、身高，在乘机（车）、住房、用餐、门票诸方面有不同的收费标准，导游人员要掌握并正确执行。

④ 掌握"四不宜"原则。对有儿童的旅游团，导游人员应掌握"四不宜"的原则：不宜为讨好儿童而给其买食物、玩具；不宜在旅游活动中突出儿童，而冷落其他旅游者；即使家长同意也不宜单独把儿童带出活动；儿童生病，应及时建议家长请医生诊治，而不宜建议其给孩子服药，更不能提供药品给儿童服用。

（2）对高龄旅游者的接待

在我国入境旅游和国内旅游市场，老年旅游者均占有较大的比例。而在这些老年旅游者中还有年龄在80岁以上的高龄旅游者。尊敬老人是我们中华民族的传统美德，因此，导游人员应通过谦恭尊敬的态度、体贴入微的关怀以及不辞辛苦的服务做好高龄旅游者的接待工作。

① 妥善安排日程。导游人员应根据高龄旅游者的生理特点和身体情况，妥善安排好日程。

首先，日程安排不要太紧，活动量不宜过大、项目不宜过多，在不减少项目的情况下尽量选择便捷路线和有代表性的景观，少而精，以细看、慢讲为宜。

其次，应适当增加休息时间。参观游览时可在上、下午各安排一次中间休息，在晚餐和看节目之前，应安排回饭店休息一会儿，晚间活动不要回饭店太晚。

此外，带高龄旅游者团不能用激将法和诱导法，以免消耗体力大，发生危险。

② 做好提醒工作。高龄旅游者由于年龄大，记忆力减退，导游人员应每天重复讲解第二天的活动日程并提醒注意事项。如预报天气情况，提醒增减衣服，带好雨具，穿上旅游鞋等。

进入游人多的景点时，要反复提醒他们提高警惕，带好自己的随身物品。

由于外国旅游者对人民币不熟悉，加上年纪大，视力差，使用起来较困难。为了使用方便或不被人蒙骗，地陪应提醒其准备适量的小面值人民币。

此外，由于饮食习惯和生理上的原因，带高龄旅游者团队，地陪还应适当增加去厕所的次数，并提前提醒他们准备好零钱（收费厕所）。

③ 注意放慢速度。高龄旅游者大多数腿脚不太灵活，有时甚至力不从心。地陪在带团游览时，一定要注意放慢行走速度，照顾走得慢或落在后面的高龄旅游者，选台阶少，较平坦的地方走，以防摔倒碰伤。

在向高龄旅游者讲解时，导游人员也应适当放慢速度、加大音量，吐字要清楚，必要时还要多重复。

④ 耐心解答问题。高龄旅游者在旅游过程中喜欢提问题，好刨根问底，再加上年纪大，记忆力不好，一个问题经常重复问几遍。遇到这种情况，导游人员不应表示反感，要耐心、不厌其烦地给予解答。

⑤ 预防旅游者走失。每到一个景点，地陪要不怕麻烦、反复多次地告诉高龄旅游者旅游路线及旅游车停车的地点，尤其是上下车地点不同的景点，一定要提醒高龄旅游者记住停车地点。

另外，还要提前嘱咐高龄旅游者，一旦发现找不到团队，千万不要着急，不要到处乱走，要在原地等待导游人员的到来。

⑥ 尊重西方传统。许多高龄西方旅游者，在旅游活动中不愿过多地受到导游人员的特别照顾，认为那是对他们的侮辱。因此，对此类旅游者应尊重西方传

统，注意照顾方式。

（3）宗教界人士

宗教旅游是以朝圣、拜佛、求法、取经或宗教考察为主要目的的旅游活动。一些宗教信徒出于对信仰的虔诚，或对名山古寺、教堂圣殿以及丰富多彩的古代宗教建筑艺术的迷恋，热衷于这种既能达到宗教目的又能通过游览活动获得审美乐趣的宗教旅游活动。宗教界人士大都虔诚友善，但基于其特殊背景和身份，他们也有不少特殊的需求。因此，在接待宗教界人士时应注意以下几点。

① 了解并掌握我国的宗教政策。我国的宗教政策是"信仰自由"，自治、自养、自传。中国不干涉宗教界人士的国际友好交往，但未经我国宗教团体邀请和允许，不得擅自在我国境内传经布道和散发宗教宣传品。对于常规礼拜活动，经上报宗教主管部门同意后，可在指定场所举行。任何人不得利用宗教进行破坏社会秩序、损害公民身体健康、妨碍国家教育制度的活动。

② 做好做细准备工作。导游人员在接到工作任务以后，要认真分析接待计划，做好、做细准备工作，对接待对象的个人背景、宗教教义、教规、生活习惯和禁忌等都要充分了解。需要安排教堂的，也要把教堂的名称、位置、开放时间等内容了解清楚。

## ◆【案例分析】

四川导游小张带一个四人佛教名山旅游团。这个团队已经朝拜了文殊菩萨的道场五台山、观世音菩萨的道场普陀山、地藏菩萨的道场九华山，现在来到了四川，要朝拜普贤菩萨的道场峨眉山。小张了解了团队的整个行程，因此在说欢迎词时，第一句便是"各位团友，你们已经朝拜完四大佛教名山中的三座，真是一路辛苦了！我是蓝天旅行社的导游小张，能够为大家服务我感到万分荣幸……"等到他讲完欢迎词，迎来的不是热烈的掌声，而是鸦雀无声，客人的表情非常肃穆，让他摸不着头脑，不知自己什么地方做错了。

分析：在案例中，导游小张为了拉近与旅游者之间的距离，表达自己的关心之情，在致欢迎词时，向旅游者道辛苦，没有想到却惹恼了旅游者，这是怎么回事呢？因为宗教旅游团是指由宗教信徒组成的以朝拜圣迹、敬香还愿、参加法事活动、捐赠布施及学术交流为主要目的的特殊旅游团体。宗教旅游团由于其信仰、习俗的特殊性，都保留着其宗教本身所特有的禁忌。在见面时，旅游团的客人就忌讳导游人员向他们道"辛苦"，说他们"辛苦"等于在怀疑其态度的真诚。导游小张因为不懂得佛教礼仪禁忌，在接团开始就犯了大忌，这个团要带成功确实有一定的难度。

③ 尊重并满足其特殊需求。宗教界人士在生活习惯上有一定的特殊要求和禁忌，导游人员要设法给予满足。饮食方面的禁忌和要求，一定要提前通知

餐厅。导游人员要处处尊重宗教旅游者的宗教信仰，并把服务做到旅游者开口之前。

④ 不要多加评论。无论在讲解过程中还是在生活交流过程中，导游人员都要注意避免涉及有关宗教问题的争论；不要把宗教问题与政治问题混为一谈，不要对对方的宗教信仰妄加评论，更不能在言谈中透露出不理解或不尊重。

（4）残障旅游者

随着社会文明程度的提高，旅游者中残障人的数量越来越多，他们克服各种难以想象的困难，挑战自我，实现自我，其坚强不息的生命力感染着每一个健全的人。在接待残障旅游者时，导游人员既要提供热情周到的服务，又要维护他们的自尊心；既要提供帮助，又要明了他们内心深处对独立的渴求；在语言行为上更要以爱心和细心来赢得他们的信任，在任何时候、任何场合，都不能歧视他们。

① 尊重。对残障旅游者最大的尊重就是把他们当作正常人。导游人员在接待残障旅游者以前，就应该根据计划内容分析他们的需求，根据需求设计不同的接待程序，把对他们的关心和照顾做得不露痕迹，不刻意地为照顾而照顾。尤其是过多的当众关心，反而是在提醒他们与常人不同，势必引起他们的反感。导游人员要善于发现他们的长处，维护他们的自尊心。

② 关心。尽管要处处维护残障旅游者的自尊心，但他们毕竟有这样或那样的不方便，确实需要额外的照顾，因此在从活动计划安排到生活照顾的各个方面，都要考虑他们的特殊需求。如线路选择尽可能不走或少走台阶，安排餐厅和客房时尽可能在一楼方便进出的地方，等等。

③ 区别接待。对于不同情况的残障旅游者，要有针对性地区别对待。

视力障碍者：他们除视力有障碍之外，一切都是正常的，他们拥有和正常人一样的听觉、味觉、嗅觉、触觉等，导游人员要能发挥他们这些方面的特长，讲解时争取让内容更形象，能用手触摸的，让他们摸一摸；能聆听的，让他们安静地听一听；能闻的，让他们闻一闻。所做的这一切同样能给视力障碍者以极大的满足和享受。

听力障碍者：不管在车上还是游览中，在对他们的接待中要尽量把他们安排在靠前的位置，一方面因为要照顾他们，另一方面因为听力障碍者大多要靠读口形来获取信息，要保证他们在听不到导游人员的声音时，能看到口形。所以，导游人员在讲解时要适当地放慢速度，并加大口形的幅度，便于他们理解更多的内容。

截瘫旅游者：在制订活动计划时，要考虑截瘫旅游者是否需要轮椅。如果需要，应提前通知有关部门做好准备。同时，车辆的选择也要考虑，最好使用方便轮椅上下的旅游车。景点和饭店的选择，应尽量选择有"无障碍设计"的地方，否则轮椅的进出将极为不便。

对于特殊旅游者，导游人员在日程安排上一定要保证其私密性，注意其身体的健康，适当增加休息时间，做到劳逸结合，活动量不能太大，景点选择少而精，以细讲慢看为宜；饮食安排要做到卫生、可口、易消化吸收；遇到天气变化，应注意提醒旅游者注意增减衣服。

（5）高层VIP旅游团（者）的接待

社会地位高的旅游者，一般文化素养高、知识面广。他们游览时，希望听到内容丰富、正确、高质量的导游讲解，希望能与导游人员进行愉快的、高水平的交流，有问题时，希望能得到正确、流利的回答。接待好这样的旅游者有利于扩大旅游企业和地区旅游业的影响，提高声誉。因此，导游人员要予以高度重视。

① 充满自信。高层旅游者的社会地位虽然高，但是在参观游览时，他们只是一名普通的旅游者，只是导游人员的一名服务对象。导游人员不要因对方的地位高而胆怯，不要因对方的官大而有太大的心理压力。如果导游人员像对待其他旅游者一样，有一颗平常心，信心十足地接待他们，沉着地导游讲解，就有可能向他们提供高质量的、令他们满意的导游服务。

② 充分准备。接待高层旅游者，要做好充分的准备，例如形象准备、心理准备、知识准备等。

知识是一个人努力学习、长期积累起来的，但若有可能，接待前就相关知识做好充分准备相当重要，尤其是准备相关的专业知识、设想可能遇到的问题很有必要。这样可以帮助导游人员生动、精彩地讲解，流利地与旅游者交谈并正确地回答他们的问题。

③ 多尊重。社会地位高、文化素养高的人待人接物时一般都友好、客气、尊重他人，但也希望得到他人的尊重。导游人员在为高层旅游者提供导游服务时，一定要谦虚谨慎，多尊重他们，尊重他们的意见和建议，重视他们的要求，满足他们的正当要求。

④ 多请示。高层旅游者游览时，一般都有陪同人员，导游人员应多请示他们，以求高质量地完成导游服务工作。

◆【技能训练】

以校园为旅游区，以宿舍楼区为宾馆，以食堂为旅游餐厅，以校车为旅游巴士，以校园超市为购物点，以其他教学区、操场为景点，设计一次旅游团队活动，模拟从接团至送团的全部流程，并设计其间的活动，安排导游讲解，体现团队合作与个性创意。要求：分组练习，分角色扮演，评价考核表见表1-4所示。

表1-4 导游带团技能考核表

| 学习目标 | 评价内容 | 分值 | 教师评价 |
| --- | --- | --- | --- |
| 接待服务的流程（30分） | 服务流程规范 | 15 | |
| | 能针对各站情况进行服务 | 15 | |
| 个性化服务技巧（10分） | 能够处理各方面的关系，为旅游者提供优质服务 | 10 | |
| 组织协调能力（15分） | 以尽量满足旅游者正当需求为基准处理问题 | 15 | |
| 重点旅游者的接待技巧（25分） | 能够熟练掌握重点旅游者的接待知识 | 25 | |
| 接待中的问题与事故处理技巧（20分） | 以尽量满足旅游者正当需求为基准处理问题 | 10 | |
| | 旅游者利益第一为原则 | 10 | |

## 任务三　旅游者个别要求的处理技能

### ◆【任务情境】

地陪小王接待了一个18人的团队，12男6女，于是便订了9个标准间。等客人入住的第二天，却发生了一件意想不到的事。一位女旅游者找到小王，因为与同住的旅游者合不来，希望住单间。小王和领队商量是不是和别的女客人调换一下，但这位客人性格有些怪异，其他人也不愿和她一起住，而她自己也坚持一个人住一间房。小王讲清她提出住单间必须自己付房费，而原房费不退。虽然这位客人不太高兴，但最终还是答应了。请问：地陪小王的做法是否正确？

### ◆【任务分析】

在案例中，地陪小王解决问题的方式非常正确，由那位提出住单间的女旅游者担负了费用，这也是导游在分配住房时不可忽视的服务细节。导游在带团时，住标准间的客人要求住单人间。如果饭店有空房可予以满足，但房费差价和其他损失自理。住同一标准间的旅游者，因关系不融洽或生活习惯不同要求换房或住单间时，导游人员应请领队调解或在内部调配，若调解或调配不成，饭店有空房也可满足其要求，但事先说明房费由提出住单间者自理。

◆【知识链接】

旅游者的要求多种多样，每个人都有自己的特殊要求，而且都希望立即得到满足。旅游者的要求，有的很小，举手之劳就能解决（例如为老人买瓶饮料），有的导游人员却无权自己处理（例如中止旅游活动或延长旅游期），有的还涉及国家的有关法律（例如要求购买古玩等）。处理时相当繁琐，还有难度。因为旅游者的要求各不相同，即便是同一个要求，由不同的旅游者提出，处理的方法也往往不同；即使是同一个人在不同的地方提出同一个要求，处理时也有差异。但是，处理这些问题，满足旅游者的正当要求，就是向旅游者提供"个性化服务"。所以，旅游者提出的要求，不管其难易、大小、合理与否，导游人员都必须给予足够的重视并正确处理。

旅游者提出的种种要求，如果处理得好，旅游者满意，能提高旅游服务质量，给旅游者留下深刻、美好的印象，从而扩大旅游企业，乃至国家旅游业的影响力，提高声誉。因此，每个导游人员都必须认真做好这项工作。

**（一）处理旅游者个别要求的基本原则**

旅游者的要求一般可以分为三类：一是合理的经过导游人员的努力可以满足的要求，二是具有合理性但难以满足或无法满足的要求，三是不合理的要求。有的旅游者心平气和地提出确实需要导游人员帮助的要求；有的旅游者把旅游服务理想化，认为花了那么多钱外出旅游，享受的各项服务都应该是好的，什么要求都能得到满足，因此，一旦出现不合他心意之事，就对旅行社的安排、导游人员的服务横加指责，提出苛刻的要求；还有些旅游者，由于某种原因，老是对旅游服务不满，甚至无理取闹。

针对不同旅游者的不同态度以及提出的不同要求，导游人员可按下述一般原则分别予以正确处理。

**1. 尊重法律原则**

《导游人员管理条例》和《旅行社条例》中规定了旅游者、导游人员、旅行社三者之间的权利和义务，导游人员在处理旅游者个别要求时，要符合法律对这三者的权利和义务规定。同时，还要考虑旅游者的个别要求是否符合我国法律的其他规定，如果相违，应断然拒绝。

**2. 公平对待原则**

公平对待原则是指导游人员对所有客人应一视同仁、平等对待。旅游者不管来自哪个国家、属于哪个民族、哪种宗教信仰、何种肤色，不管其社会经济地位高低、年老年幼、男性女性，也不管身体是否残疾，都是我们的客人，都是导游人员服务的对象。导游人员要尊重他们的人格，一视同仁，热情周到地为他们提供导游服务，维护他们的合法权益，满足他们的合理可行要求，切忌厚此薄彼、亲疏偏颇。

**3. 超常服务原则**

超常服务原则是指超出旅游协议书中规定的额外服务。旅游者是导游员的主要工作对象，满足他们的要求，使他们愉快地度过旅游生活是导游员的主要任务。因此，旅游者提出要求，只要是合理的，又有可能办到的，即使很困难导游员也要设法给予满足。

**4. 合理可行原则**

合理的基本判断标准是不影响大多数旅游者的权益、不损害国家利益、不损害旅行社和导游人员的合法权益；可行是指具备满足旅游者合理要求的条件。

导游人员在服务过程中，应努力满足旅游者合理而可行的需要，使他们能够获得一种愉快的旅游经历，从而对旅游目的地的形象、旅行社的声誉带来正面影响。特别是一些特殊旅游团，如残疾人旅游团、新婚夫妇旅游团等。

**5. 礼让三分原则**

在旅游者提出个人要求时，导游人员一要认真倾听，不要没有听完就指责旅游者的要求不合理或胡乱解释；二要微笑对待，切忌面带不悦、恶言相向；三要实事求是、耐心解释，不要以"办不到"为由一口拒绝。须强调的是，一定不要和旅游者正面冲突，以免影响整个旅游活动。

**6. 维护尊严原则**

导游人员在对待旅游者的个别要求时，要坚决维护祖国的尊严和导游人员的人格尊严。对旅游者有损国家利益和民族尊严的要求时断然拒绝、严正驳斥；对旅游者提出的侮辱自身人格尊严或违反导游人员职业道德的不合理要求，有权拒绝。

### （二）餐饮、住房方面个别要求的处理

**1. 餐饮方面个别要求的处理**

（1）特殊饮食要求

由于宗教信仰、民族习俗、生活习惯、身体状况等原因，来自不同国家、地区的旅游者会在饮食方面提出种种特殊要求，例如不吃荤，不吃油腻、辛辣食品，不吃猪肉、羊肉或其他肉食，甚至不吃盐、糖、姜等。

① 协议书上规定的：不折不扣予以满足。旅游者的特殊饮食要求若在旅游协议书上有明文规定，或在旅游团（者）抵达前提出，接待方答应了，那就应早做准备，落实具体事宜，不折不扣地满足个别旅游者的特殊饮食要求。

② 抵达后提出的：积极协助解决。旅游团抵达后有人提出特殊的饮食要求，需视情况而定：一般是由导游人员与有关餐馆联系，在可能的情况下尽量予以满

足；确有困难时，地陪可协助其解决；也可建议旅游者到零点餐厅自己点菜，或带他到附近餐馆（最好是旅游定点餐馆）用餐，或购买相应的糕点，但应事先说明费用自理。

（2）要求换餐

部分外国旅游者不习惯中餐的口味，在几顿中餐后要求改换成西餐；有的外地旅游者想尝尝当地小吃，要求换成风味餐。此类要求，处理时应考虑以下几点。

① 首先要看是否有充足的时间换餐。如果旅游团在用餐前3个小时提出换餐的要求，地陪应尽量与餐厅联系，但需事先向旅游者讲清楚，如能换餐差价由旅游者自付。

② 询问餐厅能否提供相应服务。若计划中的供餐单位不具备供应西餐或风味餐的能力，应考虑换餐厅。

③ 如果是在接近用餐时间或到餐厅后提出换餐要求，应视情况而定：若该餐厅有该项服务，地陪应协助解决；如果情况复杂，餐厅又没有此项服务，一般不应接受此类要求，但应向旅游者做好解释工作。

④ 若旅游者仍坚持换餐，地陪可建议其到零点餐厅自己点菜或单独用餐，费用自理并告知原餐费不退。

（3）要求单独用餐

由于旅游团的内部矛盾或其他原因，个别旅游者要求单独用餐。此时，导游人员要耐心解释，并告诉领队请其调解；如旅游者坚持，导游人员可协助与餐厅联系，但餐费自理，并告知综合服务费不退。由于旅游者外出自由活动、访友、疲劳等原因不随团用餐，导游员应同意其要求，但要说明餐费不退。

（4）要求提供客房用餐服务

若旅游者生病，导游人员或饭店服务人员应主动将饭菜端进客房以示关怀。如果健康的旅游者要求提供客房用餐服务，导游人员要与餐厅联系。若有此项服务，可满足其要求，但应告知服务费和可能的餐费差价由旅游者自理。

（5）要求自费品尝风味

旅游者要求自费品尝风味，导游人员要积极协助，尽量满足其要求。

① 请旅行社预订。地陪将旅游者的要求告诉旅行社的有关人员，请其报价（包括风味餐费、车费和服务费等），然后向旅游者讲清所需费用，若接受，请旅行社订餐，地陪按约定时间带旅游团前往风味餐厅。

② 地陪协助旅游者订风味餐。地陪协助旅游者订妥风味餐后，可让旅游者自行前往或带他们前往风味餐馆。不论哪种情况，地陪必须向旅游者讲明：风味餐订妥后应在约定时间前往就餐；若不去，需赔偿餐馆的损失（离用餐时间越近，交付的损失费越多）。

（6）要求推迟晚餐时间

旅游者，尤其是西方旅游者提出这一要求是合理的，导游人员要与餐厅联系，尽量满足。但有的餐馆接待旅游团较多，分批供餐。若有旅游团要推迟用晚餐时间，安排可能有困难，地陪应向旅游者解释清楚。

（7）要求增加菜肴、饮料

旅游者在用餐时要求增加菜肴和饮料，应满足其要求，但地陪要说明费用自理。

（8）要求不随团用餐

旅游者要求不随团用餐，导游人员要问清原因，一般可满足其要求，但要讲明：在别处用餐费用自理，原餐费不退。

**2. 住房方面个别要求的处理**

旅游过程中，饭店是旅游者临时的家。对于在住房方面的要求，导游人员一定要尽力协助解决。

（1）要求调换饭店

旅游协议书一般都明文规定旅游团在游览期间下榻在哪家饭店、享受什么星级的客房。如果接待社安排的饭店标准低于协议书中的星级或低于住房标准，即使是安排同一星级但不是协议上标明的饭店，旅游者肯定会提出疑问并要求调换饭店。此时，导游人员应按组团社的决定或予以调换，或说明原委并提出补偿条件。

另外，如果饭店的卫生条件太差，或旁边噪声太大，影响旅游者正常休息，旅游者坚持要求调换饭店，接待社应予以妥善解决。

（2）要求调换房间

根据客人提出的不同缘由，有不同的处理方法。

① 若由于房间不干净，如有蟑螂、臭虫、老鼠等，旅游者提出换房应立即满足，必要时应调换饭店。

② 由于客房设施尤其是房间卫生达不到清洁标准，应立即打扫、消毒。如旅游者仍不满意，坚持调房，应与饭店有关部门联系予以满足。

③ 若旅游者对房间的朝向、层数不满意，要求调换另一朝向或另一楼层的同一标准客房时，若不涉及房间价格并且饭店有空房，可与饭店客房部联系，适当予以满足，或请领队在团队内部进行调整。无法满足时，应做耐心解释，并向旅游者致歉。

（3）要求住更高标准的客房

① 要求住同饭店中高于合同标准的客房。旅游者希望住同一饭店中高于合同规定标准的客房，地陪要与饭店联系，若有空房，可以满足，但应事先讲明，客房差价由旅游者自理。如饭店没有旅游者要求的客房，要解释清楚并请其谅解。

② 要求住更高星级的饭店。旅游者要求住高于合同规定星级的饭店，地陪

可与旅游者要求住的饭店联系，若有空房可予以满足，但必须说明：房费差价和原定饭店的损失费由旅游者自理。

（4）要求住单间

① 希望住单间。由于某种原因（例如习惯于独自休息），已付双人间房费的旅游者提出住单间要求，地陪应与饭店联系。如有空房，予以满足，并说明房费差价由旅游者自理。

② 因矛盾要求住单间。同室旅游者因生活习惯不同（如室友打呼噜影响休息）或闹矛盾而提出要求住单间，地陪一般先请领队调解或在内部调整；如调解、调整不成，而饭店有同类空房，可予以满足，房费差价由旅游者自理（一般由提出方付房费）。

（5）要求购买房中物品

如果旅游者看中客房内的某种摆设或物品，要求购买，导游人员应积极协助，与饭店有关部门联系，满足旅游者的要求。

（6）要求延长住店时间

旅游者由于某种原因（生病、访友、改变旅游日程等）要求延长住店时间，导游人员应与饭店联系。若有空房，满足其要求；若没有空房，可协助旅游者与其他饭店联系，但要向旅游者讲清散客的住房费高于团队。

### （三）娱乐、购物方面个别要求的处理

**1. 娱乐方面个别要求的处理**

（1）要求调换计划内的文娱节目

旅游团在一地的娱乐活动一般在旅游协议中有明文规定。凡是计划内的文娱活动，接待社的具体安排一经确定，地陪应遵照执行，准时带团前往观看演出。如果旅游者提出修改，可视具体情况，合理处理。

① 全团提出更换文娱活动要求。旅游团要求更换文娱活动，地陪应与旅行社有关部门联系，尽可能调换。但在办妥之前，不要轻易许诺；若无法调换，地陪要向旅游者解释，实事求是地说明不能满足要求的原因，请其谅解。

② 少数旅游者提出更换文娱活动要求。少数旅游者要求更换文娱活动，导游人员可予以协助，联系购票但应说明费用（门票费、车费）自理，原票款不退。

③ 分路活动。如果旅游者商定分路参加娱乐活动，地陪应尽可能提供方便。例如，两处活动地点在同一路线，而且时间相差无几，地陪要与司机商量，将一部分人送到活动地点后再送另一部分人；若不顺路，旅游车应保证送旅游者去计划内的活动场所，但地陪应协助提出要求的一方安排车辆，并事先说明车费自理。

（2）要求自费观看文娱节目

在时间允许的情况下，导游员应积极协助。以下两种方法地陪可酌情选择。

① 与接待社有关部门联系，请其报价。将接待社的对外报价（其中包括节目票费、车费、服务费）报给旅游者，并逐一解释清楚。若旅游者认可，请接待社预订，地陪同时要陪同前往，将旅游者交付的费用上交接待社并将收据交给旅游者。

② 协助解决，提醒客人注意安全。地陪可帮助旅游者联系购买节目票，请旅游者自乘出租车前往，一切费用由旅游者自理。但应提醒旅游者注意安全、带好饭店地址。必要时，地陪可将自己的电话告诉旅游者。如果旅游者执意要去大型娱乐场所或情况复杂的场所，导游人员须提醒旅游者注意安全，必要时陪同前往。

**2. 购物方面个别要求的处理**

商品和旅游纪念品的开发、生产和销售是发展旅游业的重要组成部分，各国、各地对此都非常重视，并将其视作争夺旅游者的魅力因素和增加旅游收入的重要手段。

导游人员要正确处理旅游者购物方面的要求，尽力做到既要推销商品，更要让旅游者购物满意。

（1）要求单独外出购物

旅游者要求单独外出购物，地陪要予以协助并当好参谋，了解购买何物，然后建议旅游者去哪家商场，或提供多家商场并介绍其各自的特色，以供旅游者选择。为旅游者安排出租车并写中文便条（写明商场名称、地址、饭店名称等）让其带上，提醒他们不要太晚回来，注意安全。

旅游团离京的当天，应劝阻旅游者外出购物，以防误机（车、船）。

（2）要求退换商品

旅游者提出退换已购商品的要求，导游人员的正确做法是：

① 积极协助退换。旅游者购物后发现是残次品、计价有误或对物品的颜色、式样等不满意，要求导游人员帮助退换，导游人员绝不能以"商品售出，概不退换"之类的话搪塞、推托，也不得以其他借口拒绝退换，而应积极协助。

② 建议鉴定真伪。旅游者以"假货"为理由要求退货时，导游人员可建议鉴定商品真伪。鉴定证明是假，商店承担一切责任；若鉴定是真，费用则由旅游者支付。但是，即使确定是真品后，旅游者仍坚持退换，导游人员也应协助其退换。

（3）要求再次前往某商店购物

旅游者欲购买某一商品，出于"货比三家"的考虑或对于商品价格、款式、颜色等犹豫不决，当时没有购买。后来经过考虑又决定购买，要求地陪帮助。对于这种情况，地陪应热情帮助：如有时间可陪同前往，车费由旅游者自理；若因故不能陪同前往可为旅游者写张中外文便条，写清商店地址及欲购商品的名称，请其乘出租车前往。

### （四）游览方面个别要求的处理

旅游线路安排中往往有自由活动时间，在集体活动时间内也有旅游者要求单独活动。导游人员应根据不同情况，妥善处理。

**1. 应劝阻旅游者自由活动的几种情况**

① 如旅游团计划去另一地游览，或旅游团即将离开本地时，导游人员要劝其随团活动，以免误机（车、船）。

② 如地方治安不理想、复杂、混乱，导游人员要劝阻旅游者外出活动，更不要单独活动，但必须实事求是地说明情况。

③ 不宜让旅游者单独骑自行车去人生地不熟、车水马龙的街头游玩。

④ 游河（湖）时，旅游者提出希望划小船或在非游泳区游泳的要求，导游人员不能答应，不能置旅游团于不顾而陪少数人去划船、游泳。

⑤ 旅游者要求去不对外开放的地区、机构参观游览，导游人员不得答应此类要求。

**2. 允许旅游者自由活动时导游人员应做的工作**

（1）要求全天或某一景点不随团活动

由于有些旅游者已来多次，或已游览过某一景点不想重复，因而不想随团活动，要求不游览某一景点或一天、数天离团自由活动。如果其要求不影响整个旅游团的活动，可以满足并提供必要的帮助。

① 提前说明如果不随团活动，无论时间长短，所有费用不退，需增加的各项费用自理。

② 告诉旅游者用餐的时间和地点，以便其归队时用餐。

③ 提醒其注意安全，保护好自己的财物。

④ 建议旅游者带上饭店卡片，以备不时之需。

⑤ 交换手机号，或导游人员将自己的手机号告诉旅游者，以便联系。

（2）在游览景点时要求自由活动

旅游团抵达景点后，有人要求不随团活动，如情况许可，可满足其要求。但在离团前，导游人员必须告诉旅游者以下几点。

① 一定要注意安全，保管好证件、财物。

② 旅游团何时在何地集合（可在示意图上指明），离开景点后在哪家餐馆用餐，希望他在集合时间前到集合地点归队，或赶往指定餐馆用餐。

③ 告知自由活动所需费用自理，原团费不退。

④ 交换手机号，或将导游人员的手机号告诉自由活动者，以便联系。

（3）晚间要求自由活动

有时，旅游团晚间没有活动，或晚间活动结束回饭店，时间还早，旅游者希望外出自由活动。除非社会治安不佳，导游人员一般不应阻拦，但要做好提醒工作，即在晚饭结束未离席分散前或在晚上回饭店的旅游车上，提醒旅游者注意以下几点。

① 不要走得太远，不要太晚回饭店。
② 不要到闹、乱的场所游玩。
③ 不要携带贵重物品，保管好证件、财物。
④ 最好不要在小摊上购买食物。
⑤ 最好不要一个人外出。
⑥ 带好饭店卡片，必要时乘出租车返回饭店告知出租车的计费方法。

总之，允许旅游者自由活动时，导游人员一定要认真、细致地做好提醒工作，确保旅游者的安全。

## ◆【技能训练】

### 一、简答题

1. 处理旅游者个别要求的基本原则是什么？
2. 一旅游者提出，因有病医生禁止他食盐，导游员应怎样处理这样的要求？
3. 住双人间的一名旅游者因与同房旅游者生活习惯不合，要求住单人间。导游员应怎样对待这类要求？
4. 一旅游者相中客房中的一个烟灰缸，希望带走留做纪念。他是否可以带走？
5. 部分旅游者要求去一处秩序较乱的大型游乐场玩，导游员该怎么办？
6. 晚上自由活动时，少数旅游者要求外出购物，导游员能做些什么帮助他们？

### 二、案例分析题

1. 全陪小熊和一个来自德国的旅游团坐长江豪华游船游览长江三峡，一路上相处十分愉快。游船上每餐的中国菜有十分丰盛，且每道菜没有重复。但一日晚餐过后，一旅游者对小熊说："你们的中国菜很好吃，我每次都吃得很多，不过今天我的肚子有点想家了，你要是吃多了我们的面包和黄油，是不是也想中国的大米饭？"旁边的旅游者也笑了起来。虽说是一句半开玩笑的话，却让小熊深思。晚上，小熊与游船上取得联系，说明了旅游者的情况，提出第二天安排一顿西餐的要求。第二天，当旅游者发现吃西餐时，个个兴奋地鼓掌。请你对此进行分析。

2. 某旅游团17日早上到达K市，按计划上午参观景点，下午自由活动，晚上19：00观看文艺演出，次日乘早班机离开。抵达当天，适逢当地举行民族节庆活动，并有通宵篝火歌舞晚会等丰富多彩的文艺节目。部分团员提出，下午想去观赏民族节庆活动，并放弃观看晚上的文艺演出，同时希望导游员能派车接送。针对此种情况，导游员应怎样处理？应做好哪些工作？

3. 某旅游团中一位重点客人，很想购买一件文物的复制品，但直到出境前仍未购到。经商议，他给导游员小张留下款项，请代为购买。如果你是这位导游员小张，应如何妥善处理此事？

4. 某旅游团离境前，一老年旅游者找到全陪小李。要求他将一个密封的盒子转交一位朋友，并说："盒里是些贵重东西。本来想亲手交给他的，但他来不了饭店，我也去不了他家。现在只得请你将此盒转交给我的朋友了。"小李为了使旅游者高兴，接受了他的委托，并认真地亲自将盒子交给了旅游者的朋友。可是，半年后，老年旅游者写信给旅行社，询问为什么李先生没有将盒子交给他的朋友。当旅行社调查此事时，小李说已经把盒子交给了老人的朋友了，并详细地介绍了整个过程。旅行社领导严肃地批评了小李。请问：（1）领导的批评对不对？为什么？（2）怎样正确处理旅游者的转交贵重物品的委托要求？

5. 某旅行社导游员小郭接待一个来自美国旧金山的旅游团，该团原计划9月27日飞抵D市。9月26日晚餐后回到房间不久，领队陪着一位女士找到小郭说："玛丽小姐刚刚接到家里电话，她的母亲病故了，需要立即赶回旧金山处理丧事。"玛丽小姐非常悲痛，请小郭帮助。小郭得知此事后应该如何妥善处理？

# 项目五　乡村旅游活动中常见问题的处理和旅游者投诉的处理

**【项目目标】**

技能点：
① 旅游者走失的预防与处理；
② 交通、火灾、自然灾害等事故的处理；
③ 旅游者伤病、死亡的处理；做好乡村旅游接待的前期服务准备；
④ 旅游者投诉的原因及心理；
⑤ 旅游者投诉的处理；

知识点：掌握旅游者走失的预防与处理方法；熟悉交通、火灾、自然灾害等事故的处理方法；掌握旅游者伤病、死亡的处理方法；了解旅游者投诉的原因及心理；掌握旅游者投诉的处理方法；

验收点：通过本项目的学习，学生能够根据导游服务的要求接待乡村旅游参观的旅游者，按照常见问题的处理方法处理常见问题、提高服务技能，争取达到较好的工作效果。

**【导入】**

　　中新网兰州2016年6月13日电（记者　冯志军）甘肃敦煌市官方13日发布消息称，6月12日21时许，经三天两夜的连续搜救，敦煌市现场搜救人员在距雅丹龙城东北方向约25公里处，发现自行徒步探险过程中迷路走失旅游者，经参与搜救的医务人员现场确认，该旅游者已无生命体征，不幸遇难。

　　6月10日11时，该名旅游者向敦煌市公安局报警求助，称自己6月9日乘出租车到距敦煌雅丹景区5公里处下车，17时自行徒步探险，迷失方向，所在具体位置不详，请求救援。接到救援报警后，敦煌官方迅速成立现场搜救指挥部，调集公安干警、有关部门及景区工作人员、医护人员等50余人，并出动动力滑翔机、越野车和120急救车实施搜救。6月11日下午，该名旅游者手机变为关机状态，失去联系。

　　6月12日，地面搜救小组由7个增加到9个，截至当天，共出动搜救动力滑翔机14架次、车辆99台次、248人次，对1000余平方公里区域进行了拉网式搜寻。至当日21时许,发现走失旅游者,但已无生命体征。

(资料来源:中新网)

## 任务一 乡村旅游活动中常见问题的处理

◆【任务情境】

国庆节假期,北京房山区某旅行社开展京郊亲子主题活动,15个家庭共45人报名参加了此项活动。活动过程中,有一名儿童在景区走失,孩子家长通知导游柳眉,柳眉作为旅游院校的在校大学生,这是她第一次独立带团,心里不免有些紧张,作为一名导游遇到旅游者走失应该做些什么呢?

◆【任务分析】

在游览过程中,旅游者走失常常发生。因为,在游览过程中,旅游者的注意力往往被周围景观所吸引,另外,到了陌生的环境旅游者也容易迷失方向,出现走失。走失发生后,导游首先稳住自己的情绪,根据实际情况采取相应措施。

◆【知识链接】

(一)旅游者走失的预防与处理

1. 旅游者走失的原因

(1)旅游者在景点游览时走失的原因

① 导游人员没有讲清在景点内的游览线路、集合时间、集合地点、旅游车的停车位置以及一旦走失后如何寻找旅游团会合。

② 地陪讲解不生动,内容不丰富,又缺乏针对性,不能够吸引旅游者的注意力,导致旅游者脱离团队。

③ 旅游者对周围某一活动、现象、事物产生了兴趣,或在某处摄影时间过长,或遇到朋友、同事聊天忘了时间,导致脱离团队。

(2)旅游者在自由活动时走失的原因

① 旅游者外出逛街、购物时迷了路。

② 旅游者没有记清下榻酒店的名称和地址，又没有随身携带酒店服务卡。

### 2. 旅游者走失的预防

（1）多做提醒工作

① 参观游览过程中，导游人员应提醒旅游者跟紧团队，不要擅自活动、不要摄影时间过长等。

② 旅游者单独外出时，导游人员应提醒旅游者记住接待社的名称和导游人员的联系方式，记住下榻酒店的名称和地址，随身带好酒店服务卡。

③ 自由活动时，导游人员应提醒旅游者最好结伴而行，不要走得太远，不要去秩序混乱或偏僻的地方。

（2）讲清活动安排

① 在前往景点的旅游车上，导游人员应向旅游者详细通报当天的活动安排，包括上下午游览线路、每个景点的具体位置、中晚餐的大致用餐时间、餐厅的名称和地点等。

② 下车游览之前，向旅游者讲清旅游车的车号和停车地点。

③ 进入景点之后，导游人员首先应在景点示意图前向旅游者指明游览线路，强调游览时间、集合时间、集合地点等。

（3）提高讲解技巧

导游人员应注意提高自身的讲解水平，通过丰富的讲解内容、灵活的导游手法来吸引住旅游者，使他们紧跟团队，有效地防止走失。

（4）随时清点人数

导游人员应随时、及时地清点人数，发现少了人，立即寻找。

（5）导游服务集体密切配合

参观游览过程中，地陪、领队、全陪应密切配合。地陪举社旗走在团队最前面，领队居中、全陪压后，注意周围环境变化，随时提醒旅游者跟紧队伍。

### 3. 旅游者走失的处理

一般情况下，若有旅游者走失，导游人员通过手机即可与其联系，督促其归队。但有时导游人员不掌握全体旅游者的手机号码，特别是入境旅游者，经常为避免昂贵的国际长途费用而不带手机或不开手机。导游人员无法通过拨打手机联系走失的旅游者时，就必须掌握必要的处理方法。

（1）参观游览时旅游者走失的处理

① 了解情况后立即寻找。发现有人走失，导游人员应立即向团内其他旅游者了解情况。若是游览还未结束，领队、全陪应迅速分头寻找，地陪则带领其他旅游者放慢速度继续游览。若是在游览结束集合时，可由领队照顾已到者，地陪和全陪回原路分头寻找。

② 争取有关部门的协助。经过仔细寻找后，仍然找不到走失的旅游者，导游人员可采取以下措施：与景区旅游者服务中心联系，请求其帮助，利用广播

等手段寻找。与旅游团下榻的酒店联系，询问走失的旅游者是否已经自行返回酒店，若旅游者已回酒店，安抚其在酒店内等候。

③ 做好善后工作。找到走失的旅游者后，导游人员应先问清情况，予以安慰。若走失责任在旅游者，导游人员应提醒旅游者以后多加注意，避免再次发生类似事故，绝不可对其指责或训斥。若走失责任在导游人员，导游人员应诚恳地向旅游者道歉。若走失过程中又发生了其他事故，按事故性质进行妥善处理。

④ 写出书面报告。如果发生严重走失事故或旅游者因走失而发生其他事故，导游人员应向旅行社汇报，并写出事故报告，内容包括旅游者走失经过、走失原因、寻找过程、善后处理、旅游者反应等详细情况。

（2）自由活动时旅游者走失的处理

① 导游人员应设法寻找，并立即报告接待社，请求帮助和指示。

② 向公安部门报案，按照公安部门的要求提供走失旅游者的相关信息，协助公安部门寻找。

③ 找回走失旅游者后，导游人员应问清情况，给予安抚，稳定其情绪。

④ 提醒全团旅游者注意安全，避免此类事故再次发生。

⑤ 若旅游者走失后又发生了其他事故，按事故性质进行妥善处理。

⑥ 若发生严重走失事故，导游人员应写出事故报告。

### （二）交通事故的预防和处理

#### 1. 交通事故的预防

一旦发生了交通事故，轻者有惊无险，重者将造成人员伤亡乃至死亡，给旅游者、旅行社等都带来极大的损害。尽量避免交通事故的发生、保障全体旅游者的安全是导游人员的责任。在各种交通事故中，最常见的是汽车交通事故，导游人员应加倍小心，配合司机做好预防工作，特别应注意以下几点。

① 导游人员安排游览活动时，在时间上要留有余地，避免司机由于抢时间而超速行驶，避免司机疲劳驾驶；在任何情况下，导游人员都不要催促司机开快车，有时还要阻止司机的危险驾驶行为。

② 旅游车行驶途中，导游人员不要跟司机聊天，以免分散其注意力。但是长途行车时，导游人员却要跟司机不时地聊上两句，以免其犯困打瞌睡。

③ 如遇恶劣天气、交通堵塞、路况不佳等情况，导游人员应主动提醒司机注意安全，谨慎驾驶。

④ 若有突发事件发生，导游人员可以调整行程安排，以避开不安全路段，但事先应向领队和旅游者讲明情况，征得他们的同意，并及时报告旅行社。

⑤ 阻止非本车司机开车。

⑥ 如遇司机酒后开车，导游人员应立即阻止，并向旅行社汇报，要求改换车辆或更换司机。

⑦ 如果导游人员和司机有争执，应待下团后解决，不得在接待过程中争执，以免司机赌气驾车。

⑧ 发现车辆存在隐患，导游人员应及时提醒司机修理或更换车辆。

### 2. 交通事故的处理

发生了交通事故，只要导游人员没有受重伤，就应立即采取措施，沉着冷静地进行处理，并做好善后工作。

（1）立即组织抢救

发生交通事故出现伤亡时，导游人员应立即组织现场人员抢救受伤旅游者，特别是重伤旅游者，同时拨打120或999呼叫救护车或拦车将伤员送往附近医院。

（2）保护现场

交通事故发生后，导游人员应指定专人保护现场，避免在忙乱中破坏事故现场。

（3）立即报告

导游人员应尽快拨打122报警，请交警来现场调查处理；同时向旅行社领导报告交通事故的情况和旅游者伤亡的情况，听取旅行社领导对下一步工作的指示。

（4）做好安抚工作

导游人员应做好旅游者的安抚工作，提供热情周到的服务，力争使旅游活动得以继续进行。事故责任查清后，及时向全团通报事故原因、处理经过及结果、对伤亡人员的抢救等。其他善后工作由旅行社和汽车公司处理。

（5）写出书面报告

交通事故处理结束后，导游人员要写出详细的书面报告，内容包括：旅游团的基本信息，事故发生的时间、地点、原因及经过，旅游者的伤亡情况及治疗情况，事故责任及对责任者的处理结果，旅游者的情绪及对处理的反应等。报告内容要翔实，反映旅游者的状况要客观，重要内容最好用旅游者的原话。有可能的话，最好由领队、全陪和地陪联名签署报告。

### （三）火灾事故的预防和处理

### 1. 火灾事故的预防

旅游团下榻酒店后，如果发生火灾，将给旅游者带来极大的损失和不幸，导游人员千万不要因火灾事故不多见而掉以轻心。导游人员应牢记火警电话，并掌握领队及全团成员的住房号码，以便失火时及时通知他们。此外，还应向旅游者做好以下提醒工作。

① 提醒旅游者不要携带易燃、易爆物品。

② 提醒旅游者不要在床上吸烟，不要乱扔烟头或其他火种。

③ 提醒旅游者注意酒店楼层太平门、安全通道的位置，注意客房门后贴的

安全线路示意图，掌握一旦失火时应走的路线。

④提醒旅游者发生火灾时千万不要乘坐电梯逃生，只能走安全通道。

⑤提醒旅游者牢记火警电话119。

**2. 火灾事故的处理**

（1）立即报警

导游人员获悉饭店失火后，应立即报警。

（2）迅速撤离

导游人员应采取一切可行的措施迅速通知领队和全团旅游者，听从饭店工作人员的统一指挥，从安全通道快速有序地疏散。撤至安全地带后，导游人员要及时寻找本团旅游者，让大家聚集在一起。若发现有人失踪，应组织人力尽快寻找。

（3）设法自救

若发现火灾已晚，无法逃离火灾现场，千万不要盲目跳楼，导游人员应引导旅游者设法自救：

①用湿毛巾捂住口鼻，顺着墙根蹲行或爬行穿出浓烟区，尽快躲到烟少的地方，避免因被浓烟熏呛而窒息。

②大火封门无法逃出时，用浸湿的衣物、毛巾、被褥等堵塞门缝，越严实越好。

③若身上着火，可就地打滚或用浸湿的衣被压灭火苗。

④消防队员到来后，一面高声喊叫，一面挥舞色彩鲜艳的衣物，争取尽早获得救援。

（4）处理善后事宜

旅游者得救后，导游人员应及时稳定旅游者的情绪，协助旅游者解决因火灾造成的生活方面的困难，设法使旅游活动继续进行。若有旅游者伤亡，按相关程序和规定进行处理。

（5）报告旅行社并写出书面报告

导游人员将火灾事故及时报告旅行社，并写出翔实的书面报告。

## （四）天灾逃生

**1. 地震**

地震发生时，若旅游团在室外，导游人员应迅速将旅游者引领到空旷开阔的地方，远离高大建筑物、窄小胡同、高压线、广告牌等。撤离时注意保护头部，防止被砸伤。

地震发生时，若旅游团在室内，夺门而逃是最不明智的选择，应该就地避震，飞速跑到承重墙墙角、卫生间等开间小、有支撑的地方，或躲在床、桌等低矮结实的家具下面。首震过后，利用短暂的时间空隙，导游人员应迅速引领旅游者撤离建筑物。

如果地震时被压在废墟下，应立即捂住口鼻，以隔挡呛人的灰尘，避免窒息；同时尽量保存体力，不要哭喊和盲目行动，可用石块敲击能发出声响的物体，向外发出呼救信号；若能找到水和食物，要有计划使用，尽可能长时间地维持生命；最重要的是不能在精神上崩溃，要坚定求生的欲望。

### 2. 海啸

地震是海啸最明显的前兆，若感觉到大地长时间震动，或发现海水突然下沉出现快速退潮，或看到海面出现排浪整齐、浪头很高的异常海浪，导游人员应立即引领旅游者离开海岸，迅速跑到地势较高的地方或海边的高层酒店顶部。

如果收到海啸警报，即使没有感觉到地震，导游人员也必须带领旅游者离开海岸，并通过电视、广播等掌握信息，在没有解除海啸警报之前，切勿靠近海岸。

### 3. 泥石流

如果旅游行程中会经过泥石流、滑坡等多发地区，导游人员必须关注天气预报，若有连绵阴雨或大雨，要跟旅行社或旅游者商量，对行程做出必要的修改；暴雨刚停后，旅游团最好也不要在山区活动。

一旦遇到泥石流，导游人员要镇定地引导旅游者逃生，具体措施如下：

① 泥石流发生时，旅游团不能在沟底停留，应迅速向坚固的高地或连片的石坡撤离，抛掉一切重物，跑得越快越好，爬得越高越好。

② 切勿与泥石流同向奔跑，应向与泥石流流向垂直的方向逃生。

③ 到了安全地带后，导游人员应将旅游者集中在一起，等待救援。

### ◆【案例分析】

#### 旅游者走失

地陪小王带领旅游者在某景区游览过程中，陈太太突然焦急地对小王说："我先生（陈伯）不知走到哪里去了！"由于景区较大，并且有多个出口，小王当即跟全陪商量，从旅游者中挑选了几位年轻能干的小伙子与他们分头去寻找，其余旅游者则在原地等待。眼看景区关门时间快到了，几个人才匆匆忙忙地从不同方向赶回来。小王抱歉地对大家说："我们找遍了景区，也没有发现陈先生，由于时间关系，司机先带大家回酒店吃晚饭，我去景区派出所报案。"旅游者顿时怨声一片，而小王却觉得非常委屈。

【评析】

① 地陪与全陪要随时清点人数，掌握每一位旅游者的动态，尤其是老年人。

② 发现旅游者走失，应该先在团内了解情况，分析走失地点。由全陪或领

队分头去寻找，地陪继续带团。

③ 不应让其他旅游者参与寻找走失者。

④ 在一时找不到的情况下，应及时与景区旅游者服务中心联系，请求其帮助。

⑤ 应与旅游团下榻的酒店联系，询问走失者是否已经自行返回酒店。

⑥ 发生旅游者走失事件要向旅行社报告。

⑦ 没有找到走失旅游者，应该让全陪带陈太太去景区派出所报案，地陪带团回酒店吃饭，不能只让司机带走旅游团。

⑧ 由于工作失误，寻找走失者影响了团内其他旅游者的情绪，地陪应该及时诚恳地道歉。

◆【技能训练】

### 如何应对泥石流

训练内容：

乡村旅游行程中常常会经过泥石流、滑坡等事故多发地区，导游人员必须关注天气预报，若有连绵阴雨或大雨，要跟旅行社或旅游者商量，对行程做出必要的修改；暴雨刚停后，旅游团最好也不要在山区活动。如果遭遇到泥石流、滑坡，导游员应该如何处理呢？

训练安排：

① 每6~8人为一个旅行社；

② 每个团队选出旅行社经理，将成员进行角色分配，分为导游员、计调、大巴司机等工作人员；

③ 旅行社成员及导游写出泥石流、滑坡事故发生的讨论应对措施；并派一名代表公布本社处理措施；

④ 教师点评。

## 任务二　旅游者投诉的处理

【导入】

2016年10月10日，国庆节前，12301全国旅游投诉平台手机版正式在某市上线，实现了旅游投诉受理和处理模式的网络信息化，这也是某市旅游部门开启"旅游+互联网"模式的重要举措。从9月29日开通至目前，某市共接受旅游者投诉18起,主要集中在宾馆服务等方面。

"对宾馆服务的投诉主要是集中在退订房、宾馆内部服务不规范、突发性事件处理欠佳等方面,尤其对私营的小旅社、农家乐住宿情况投诉较多。"市旅游执法支队长王兴军介绍,10月1日晚7时左右,阆中古城机房街一带突发电力故障,经供电公司抢救3个小时仍未恢复正常供电。晚10时左右,大多数旅游者游览古城夜景返回住所准备休息,却依然没电,加之当日天气较为炎热,引发多位旅游者投诉、个别旅游者退房的纠纷。阆中市旅游执法大队执法人员及时赶赴现场,安抚旅游者,并积极展开调查处理,最终处理结果让旅游者满意率达100%。

(资料来源:光明网)

## ◆【任务情境】

"五一"小长假期间,延庆香屯李大姐家接待了不少城里来的客人,来到李大姐家睡农家炕、吃农家饭、干农家活,进行农事体验,第一天接待了6个家庭共20人,第二天接待了5个家庭15人,第三天接待了4个家庭16人,整个"五一"李大姐是又忙又累又高兴,有这么多客人来自己家当然高兴了,但是客人在自家的留言本上也提出了不少意见,被客人亲切地"投诉"了,面对投诉,李大姐该怎么看待呢?

## ◆【任务分析】

旅游投诉是指旅游者认为旅游经营者损害了其合法权益,请求旅游行政管理部门、旅游质量监督管理机构或者旅游执法机构,对双方发生的民事争议进行处理的行为。旅游者投诉在旅游活动中不可避免,李大姐不必有过多的心理负担,虚心听取,积极改进,相信自己的农家院会越办越好。

## ◆【知识链接】

### (一)旅游者投诉的原因

#### 1. 导游人员服务质量欠佳

因导游人员服务质量欠佳引起的投诉最集中体现在不尊重旅游者、工作不负责任和业务技能不足三个方面。对旅游者态度冷淡、不尊重旅游者的风俗习惯、不满足旅游者的合理要求、不一视同仁对待旅游者等属于导游人员不尊重旅游者的表现；游而不导、随意变更或增减活动项目、不做必要的提示、不遵守时间等属于导游人员工作不负责任的表现；讲解平淡乏味、遇到突发事件应对不力、强迫旅游者购物等属于导游人员业务技能不足的表现；更有甚者有些导游人员由于自身工作失误致使旅游者人身、财产受到损害。这些都会直接导致旅游者投诉。

### 2. 旅游接待单位存在服务缺陷

旅行社行程安排不合理、降低了合同约定的餐饮或住宿标准、实际情况与所作说明不相符、收费不合理等都会引起旅游者投诉。

酒店、餐厅、商店、旅游车队等相关旅游接待单位若是存在服务缺陷，如酒店硬件设施陈旧、餐厅饭菜质量太差、商店购物后难以退换、司机不打扫旅游车内卫生等，也会引起旅游者投诉。

### 3. 遇到不可抗力或意外事故

在旅游过程中，可能会遇到不可抗力，如地震、水灾、泥石流等自然现象或战争、游行、罢工等社会现象；也可能会遇到意外事故，如交通事故、治安事故、火灾事故等。这些都会导致旅游合同不能履行或不能完全履行，旅游者与旅行社为此发生争议，从而引起投诉。

### 4. 旅游者个性差异

旅游者的性格、身份、学识、修养各不相同，心中对服务质量的评价标准自然不会完全一致，处理问题的方式也有明显差异。有些旅游者常对旅游活动抱有不切实际的欲望和对导游人员提出过高标准的要求，继而对正常的旅游活动和导游服务产生误解，因此提出投诉。有些旅游者提出了不合理要求，当这种要求得不到满足，对导游人员的解释也听不进去时，也会提出投诉。

## （二）旅游者投诉的心理

### 1. 求尊重心理

受尊重是旅游者最普遍、最基本的心理需求之一，作为被服务者及消费者，旅游者有权利获得质价相符的服务，有权得到旅游经营者的尊重。在整个旅游活动过程中，旅游者求尊重的心理一直贯穿始终，而当服务不能令人满意时，旅游者就会认为自己的权益受到了侵害，心灵受到了创伤，投诉就成为其获得尊重的重要途径。

### 2. 求发泄心理

旅游者在遇到不称心的事情后，自然会产生挫折感，继而产生郁闷、抵触、愤怒和不满的情绪，只有通过适当的方式将这些情绪宣泄出来，才能恢复心理平衡，投诉就成为一种最有效的发泄方式。旅游者通过口头或书面形式的投诉，将自己的怒气表达出来后，挫折感就会减少，心情就能舒畅和轻松。

### 3. 求补偿心理

旅游者在遭受了物质或精神损失后，当然希望能够得到一定的补偿，以弥补自己的损失。譬如对饭菜质量不满意，要求更换或打折；对于旅行社擅自减少旅游项目或降低服务标准，要求退还部分费用；在旅游商店买到假冒伪劣商品，要求退货或换货等。只有弥补了缺陷、抵消了损失之后，旅游者才能达到心理平衡。

### 4. 求保护心理

旅游者投诉是旅游者权益保护意识提高和法律意识增强的表现，通过合法途径进行投诉，既是为自己也是为所有的消费者寻求利益保护。通过投诉，可使旅游相关部门重视旅游者的反映，不断改进服务质量，旅游者才能在今后的旅游活动中得到更加优质的服务。

## （三）导游人员针对旅游者口头投诉的处理

在旅游活动过程中，导游人员遇到旅游者口头投诉是在所难免的，旅游投诉不仅涉及面广、情况复杂，而且原因往往也是多方面的，成功地处理旅游者口头投诉是导游人员义不容辞的责任。尤其到了旅游旺季，旅游者投诉的概率会大大增加，导游人员必须认真对待，根据旅游者投诉的原因，分析旅游者投诉的心理，在尽可能短的时间内妥善处理好旅游者的口头投诉，令失望的旅游者得到满意的答复。

### 1. 迅速与投诉者进行单独交流

① 导游人员应迅速与投诉者进行单独沟通，为避免不满情绪蔓延，造成更大范围的影响，交流时最好将投诉者请到避开旅游团的地方。

② 若是集体投诉，导游人员最好让旅游者选派1~3名代表前来进行商谈，因为旅游者人数越多越谈不好，更不易达成解决问题的协议。

### 2. 耐心倾听投诉者的陈述

① 导游人员应耐心倾听投诉者的陈述，并且引导投诉者将投诉内容讲得尽量详细和具体，必要时还可做一些记录，以便更全面、更准确地掌握情况。

② 如果投诉者情绪过于激动，甚至带有过激性或侮辱性话语，以致无法正常交谈下去时，导游人员应保持头脑冷静，有礼貌地向投诉者提出另找时间再谈的建议，以使紧张气氛变得有所缓和，使投诉者的情绪变得慢慢稳定。

③ 如果投诉者的投诉理由不正当，观点是合情不合理或合理不合情的，导游人员不要立刻辩解或否定，更不得与投诉者发生争执，应让投诉者满足发泄"怨气"的心理需求。

### 3. 抓住核心问题并分析投诉性质

① 导游人员应抓住旅游者投诉的核心问题，并将这些核心问题简明扼要地重复和总结一下，看看自己的理解是否跟投诉者的申诉相一致。

② 导游人员必须迅速判断出核心问题的性质以及轻重程度，搞清楚投诉者的目的和要求，否则下一步的处理建议和意见就无从谈起。

**4. 认真处理并积极弥补**

① 如果旅游者的投诉是由于导游人员自身工作失误引起的，导游人员应及时、诚恳地向投诉者赔礼道歉，希望他们给予谅解，同时表示谢意，感谢他们没有因为自己工作失误而表示冷漠和不信任。

② 如果旅游者的投诉是针对旅行社或其他旅游接待单位的服务缺陷，导游人员千万不要对解决投诉的方案轻易表态，此时可以说"让我了解一下情况"或"让我跟有关部门联系一下"，然后避开投诉者，及时向旅行社或相关旅游接待单位汇报，核实投诉原因是否属实，并且达成共识。为避免投诉者对导游人员暂不表态的做法产生不满，导游人员应给投诉者一个答复期限，并且说到做到。若一时解决不了，则要及时通知投诉者。确定投诉情况属实后，导游人员应及时将旅行社或相关旅游接待单位决定的弥补方案告知投诉者，也可请答复单位出面解决，力求挽回影响，最大限度地消除投诉者的不快。

③ 如果个别旅游者因其不合理要求得不到满足而提出投诉，导游人员应认真解释，并委婉地指出其要求的不合理性。

**5. 做好调解工作和协助工作**

① 投诉者与相关部门在自行和解过程中，若是双方要求差距较大，导游人员应力争做好调解工作，劝说双方都做出合理的让步，促使双方协商成功。

② 如果调解不成，旅游者最终坚持向旅游行政管理部门进行投诉，导游人员应协助旅游行政管理部门对投诉进行调查核实，实事求是地提供证据。

**6. 继续提供热情服务**

① 如果旅游者投诉得有道理，导游人员唯一的办法就是加倍努力服务，并将服务的侧重点放到旅游者投诉的问题上来，还要对那些曾经有过不满的投诉者给予适当关注。

② 如果个别旅游者的投诉是无理的、片面的，或者投诉涉及导游人员自身，导游人员也不应有意冷落或消极对待他们，要继续为他们提供热情的服务。

**7. 保留好相关证据**

① 导游人员应特别注意保留好在处理投诉过程中的相关证据。如今时常有这样的情况发生：个别旅游者当时同意接受赔偿条件，然而事过之后或回到家中，仔细想想又觉得自己吃亏了，于是重新向导游人员、旅行社等进行投诉。倘若导游人员当时忽视和疏漏了留证工作，那么很容易"沉渣重浮"，除了原先处理投诉所花费的心血付诸东流之外，还会带来更大的麻烦，因为旅游者此时是有备而来，弄不好还会上诉到法庭。

② 如果有些投诉在带团期间没有得到及时解决，导游人员应将这些证据和原始记录材料转交旅行社，以便为进一步协商解决提供必要的依据。

### （四）导游人员针对旅游者书面投诉的处理

如果旅游者针对导游服务向旅游行政管理部门、旅游质量监督管理机构或者旅游执法机构进行书面投诉，这些旅游投诉处理机构会在受理投诉之日起5个工作日内将《旅游投诉受理通知书》和投诉书副本送达被投诉人。被投诉人应当在接到通知之日起10日内做出书面答复，书面答复应载明的事项包括：被投诉事由，调查核实过程，基本事实与证据，责任及处理意见。导游人员的书面答复一定要具有针对性，即针对投诉者提出的事实、理由、根据和请求做出答辩，这样才有利于旅游投诉处理机构兼听双方的理由和根据，全面客观地了解案情，辨明是非。导游人员确有过错并损害旅游者权益的，应当主动赔礼道歉，赔偿损失，争取跟投诉者和解。旅游投诉处理机构也会在查明事实的基础上，遵循自愿原则进行调解，促使双方相互谅解，达成协议，并在受理投诉之日起60日内做出处理决定。

如果旅游者针对导游服务向旅行社进行书面投诉，导游人员在接到投诉状后，应当调查核实，与投诉者协商解决纠纷。不能自行解决的，应及时移送旅游投诉处理机构，由其审查处理。

◆【案例分析】

#### 正确处理口头投诉

导游人员小李带领一个旅游团到餐厅用餐，一位旅游者发现菜肴中有一只死苍蝇，顿时一桌旅游者食欲全无，有些旅游者甚至感到恶心。旅游者们当即找到小李，气愤地向他投诉，要求更换餐厅用餐。面对愤怒的旅游者，小李首先代表旅行社和餐厅向全体旅游者赔礼道歉，然后很快找来餐厅经理，向其反映情况，并提出了解决问题的建议：餐厅经理向旅游者诚恳地鞠躬道歉，上一份新菜肴，撤走有死苍蝇的菜肴。为表歉意，再给旅游者加两道当地风味菜肴。面对导游人员真诚、积极的态度，旅游者们对餐厅的失误表示谅解，也不再提出其他要求。

评析：

① 导游人员及时得体地处理了旅游者的口头投诉，化解了矛盾。

② 面对关于餐厅的投诉，导游人员没有推卸责任，而是采取了有效措施。

③ 要求餐厅经理鞠躬道歉表示诚意，也是对于旅游者合法权益的尊重。

④ 先上新菜肴，再撤掉不卫生菜肴，又加了两道风味菜肴，给旅游者以心理安慰和补偿。

⑤ 导游人员在最短时间内顺利地解决了问题，使失望的旅游者得到了满意的答复，迅速消除了不悦情绪。

◆【技能训练】

### 城里客人投诉民俗户用餐不卫生应该如何处理?

训练内容：

乡村旅游过程中常常会遭遇到各种投诉，乡村旅游工作者，遇到餐饮方面的投诉应该怎么办呢？

训练安排：

① 每6～8人为一个学习团队；

② 每个团队选出一名负责人，将成员进行角色分配，分为导游员、餐饮负责人、客房负责人等工作人员；

③ 团队成员合作写出餐饮方面被投诉的应对措施，并派一名代表公布解决办法；

④ 教师点评。

# 第二篇

## 实 践 篇

# 项目一 古村落型（以爨底下村为例）

## 如何撰写导游词

### 【项目目标】

**技能点：**
① 导游词的组成部分；
② 导游词撰写的基本要求；
③ 古村落型景区的资源概况；
④ 古村落型景区的导游特点。

**知识点：** 了解导游人员的工作流程和服务规范，熟悉导游工作各环节的工作技巧与要领，做好旅游者的迎送工作，严格按照接待计划，安排参观游览活动中的导游讲解工作和计划内的食宿、购物、文娱等活动的安排，妥善处理各方面的关系和出现的问题。

**验收点：** 通过本项目的学习，学生能够根据导游服务流程接待乡村旅游参观的旅游者，按照工作流程规范服务程序、提高服务技能，争取达到较好的工作效果。

### 【导入】

**"望得见山、看得见水、记得住乡愁"**

近些年，随着城镇化、工业化进程的不断推进，传统村落衰落、消失的问题令人担忧，中国传统古村落消亡的速度很快，2002年至2014年，中国自然村由363万个减至252万个。最新发布的"十三五"规划建议书中，也明确树立创新、协调、绿色、开放、共享的发展理念，这为做好传统村落保护开发工作提供了重要依据和根本指导。中国古村落保护与发展研讨会上政府部门、投资公司、专家学者围绕传统村落保护与特色旅游开发的主线，就北京传统村落在旅游、养生及文化产业开发方面进行探讨及投融资洽谈。

> 作为不可再生的文化遗产，"让居民望得见山，看得见水，记得住乡愁。"北京市副市长程红上午表示，目前，北京市的11个区县，还有52个保存相对完整并保留一定原始风貌的传统村落。这些传统村落记载着北京千百年来历史文化的沿革，是不可再生的宝贵文化遗产。北京市政府始终高度重视传统村落的保护开发工作，前期已经有3批次16个村落被国家住建部认定为中国传统村落，另有8个村落正在进行中国传统村落申报，其余传统村落的保护开发工作也在推进。
>
> （资料来源：北京晚报，2015年11月11日）

目前，北京的传统村落大多保存较为完整，旅游资源优质丰富，交通及基础设施也比较完善，具有得天独厚的开发条件和巨大的旅游发展潜力，但也存在着缺乏产业支撑，村落基础设施落后，以及文化特色与村落原貌逐渐消退等一些问题。在保护古村落的同时合理地开发并促进当地经济发展。这就要求我们在宣传和介绍古村落的时候将保护的意识传递给每一个旅游者，让旅游者们在参观的同时自觉地保护这些具有原始风貌的古村落。

## ◆【项目情境】

某旅行社近期接待教师团队参观北京京西古村落爨柏景区，小杨是该社经验丰富的导游员，作为地陪的他能够深入浅出地介绍北京各大景点，深受旅游者好评，但是京西古村落的景区介绍对于小杨来说还真是块硬骨头，小杨自己也只是陪家人自驾游过几次，虽然留下了深刻的印象，但是对于详细的带团讲解来说那是远远不够的。为了带好教师团，小杨决定专程提前去一趟爨底下村，收集详细的导游词撰写材料。

## ◆【项目分析】

小杨需要到爨底下村取得详细的资源介绍，并且要根据导游词的撰写要求突出口语化、趣味性，重点突出、内容丰富，同时要兼顾他所带领的团队群体的特点，教师团队对讲解内容的知识性、准确性要求较高，具有探究精神，所以在导游词的写作过程中也要深入挖掘一些景区景点背后的人文、历史典故。

◆【知识链接】

## （一）如何撰写导游词

如何在短时间内撰写一篇符合规范、文辞通顺、内容翔实、特色鲜明的导游词？首先需要了解何为导游词。导游词是指导游员引导旅游者观光游览时的讲解词，是导游员同旅游者交流思想，向旅游者传播文化知识的工具，是为口头表达而写的，因此要求语言要生动、形象、准确、富有感染力。

### 1. 导游词的组成部分

导游词一般由三部分组成。

习惯用语：即游览前的"欢迎词"、游览结束时的"欢送词"等。

整体介绍：用概述法介绍旅游目的地，帮助旅游者宏观了解，引发旅游者兴趣。

重点讲解：即对主要游览内容的详细讲述，因而是导游词最重要最精彩的组成部分。

### 2. 导游词的写作要求

（1）强调知识性

一篇优秀的导游词必须有丰富的内容，融入各类知识并旁征博引、融会贯通、引人入胜。

导游词的内容必须准确无误，令人信服。

导游词不能只满足于一般性的介绍，还要注重深层次的内容，如：同类事物的鉴赏、有关诗词的点缀、名家的评论等。这样才会提高导游词的档次水准。

### 【案例2-1】嵩山少林寺部分导游词撰写

深山藏古寺，碧溪锁少林。少林寺位于河南省登封市西北的嵩山西麓，背依五乳峰，群山环抱，错落有致。少林寺创建于北魏年间，距今有1500年历史，最初是为了印度僧人跋陀而建。少林寺名扬天下，则得益于一个传奇人物——达摩，他一苇渡江，面壁九年，创立了中国佛教禅宗学派，少林寺从此成了禅宗祖庭，奠定了少林寺在中国的佛教地位。

少林武术最大的特点是禅武合一，正气凛然。"欲见性，必先强身""禅拳合一"是少林武功与其他武功的区别所在。"禅"就是平常心，情不附物，排除一切杂念的意思。有一个故事很能说明这个道理，赵州禅师一生云游天下，传播禅法，有一天，几个僧人前来礼拜，赵州禅师问其中一位："你到这里来过吗？"僧人答道："来过。"赵州禅师说："吃茶去吧。"又问第二位,第二位答道:"我还没来过。"赵州禅师也说:"吃茶去吧。"徒弟不懂了,问师父:"来过的、没来过的,您为什么都叫他们吃茶去?"赵州禅师仍说:"吃茶去吧。"这就是说,禅在日常生活之中,禅不是学来的,是悟出来的,挑水砍柴,吃饭喝茶,无不有禅机。日常生活中的平常心,淡泊宁静的情怀,才是人生的真谛,这时所有的人都是一样的。

(2)讲究口语化

导游语言是一种具有丰富表达力、生动形象的口头语言,这就是说,在导游词创作中要注意多用口语词汇和浅显易懂的书面语词汇。要避免难懂的书面语词汇和音节拗口的词汇。多用短句,以便讲起来顺口,听起来轻松。

强调导游口语化,不意味着忽视语言的规范化。编写导游词必须注意语言的品位。

**【案例2-2】北京故宫部分导游词撰写**

在北京故宫的太和殿前和其他建筑前面都摆放着一对铜缸,大家知道这些大缸是做什么用的吗?这位朋友说了,这缸好大个儿,正好用来腌制面酱,北京人这么爱吃面酱,绝对是用它腌制面酱的?哈哈,不可能。这么多的大铜缸,就在这金銮宝殿前,皇帝当朝论政,神圣威严,绝对不可能用这个大缸腌面酱。

那位朋友说了,这缸绝对是用来装水的,您还真说对了。这缸的确是用来装水的,是当时故宫里的一种防火设施。很早以前,人们就想出了在门前放置大缸以及时救火的办法,下雨天接雨水,平时挑水将其注满,发生火情时就可以随时就近取水灭火。所以人们称大缸为"门海",即是门前之大海,门前有了大海就不会再发生火灾了,因此,大缸又被称作"吉祥缸""太平缸"。

(3)突出趣味性

为了突出导游词的趣味性,必须注意以下六个方面的问题。

① 编织故事情节。讲解一个景点,要不失时机地穿插趣味盎然的传说和民间故事,以激起旅游者的兴趣和好奇心理。但是,选用的传说故事必须是健康的,并与景观密切相连。

② 语言生动形象,用词丰富多变。生动形象的语言能将旅游者导入意境,给他们留下深刻的印象。

③ 恰当地运用修辞方法。导游词中,恰当地运用比喻、比拟、夸张、象征等手法,可使静止的景观深化为生动鲜活的画面,揭示出事物的内在美,使旅游

者沉浸陶醉。

④ 幽默风趣的韵味。幽默风趣是导游词艺术性的重要体现，可使其锦上添花，气氛轻松。

⑤ 情感亲切。导游词语言应是文明、友好和富有人情味的语言，应言之有情，让旅游者赏心悦"耳"、倍感亲切温暖。

⑥ 随机应变，临场发挥。导游词创作成功与否，不仅表现其知识渊博，也反映出导游技能技巧。

**【案例2-3】云南路南石林部分导游词撰写**

"马铃儿响来哟玉鸟儿唱，我陪阿黑哥回家乡，远远离开热布巴拉家，从此妈妈不忧伤不忧伤啊嘿嘿不忧伤！"（导游员唱）各位朋友们，大家好，大家知道刚才我唱的什么歌吗？对了，这就是电影《阿诗玛》的主题曲，一唱起这首歌，大家就知道今天我们要去什么地方了吧？的确，我们现在就在前往云南路南石林的路上了。下面让我们继续前进，步行去寻找阿诗玛吧。

现在展现在我们面前的就是微波粼粼的玉鸟池，请看玉鸟池畔那座独立石峰，她苗条高挑，风姿绰约。只见她头上的撒尼头布，背上的四方篮依稀可见，侧视宛如一位亭亭玉立的少女，不用我说，大家都猜到了，这就是阿诗玛石像了。阿诗玛是撒尼人民的象征，其彝语的意思是"如金子般美丽的姑娘"，她的美，已化身为奇观异景，她的情，已铸成永不言败的艺术品。阿诗玛是撒尼人民间叙事长诗中的主人公，是一位美丽勤劳的彝族姑娘，她爱上了彝族青年阿黑哥，地主垂涎阿诗玛的美貌，趁阿黑外出牧羊的时候，抢走了阿诗玛。勇敢的阿黑闻讯火速前往营救，经过惊心动魄的争斗，终于救回了阿诗玛。当两人历尽千辛万苦逃脱虎口，来到此地时，却遭到了地主的暗算，地主勾结了崖神唤来了滔滔洪水，把阿诗玛冲走了。阿黑悲痛万分，连声呼叫"阿诗玛"回音荡漾在山岩之中……这个动人的故事被人们搬上了银幕，阿诗玛也从银幕走进人们的心里，从此阿诗玛景观备受旅游者青睐，这尊石像现已成为云南旅游的一个形象标志。

各位旅游者，找到了阿诗玛，今天的大、小石林之旅就告一段落了。亲爱的朋友，阿诗玛石像您带不走，请带着阿诗玛以及撒尼人民的美好祝愿吧，祝愿天下有情人终成眷属，旅途愉快。

（4）重点突出

每个景点都有代表性的景观，每个景观又都从不同角度反映出它的特色内容。导游词必须在照顾全面的情况下突出重点。面面俱到，没有重点的导游词是不成功的。

**【案例2-4】井冈山部分导游词撰写**

　　说起井冈山，大家都知道，她是中国革命的摇篮。1927年，毛主席率领工农红军来到井冈山，创建了中国第一个农村革命根据地。正是从这里，星星之火燃遍全国。现在，井冈山已经发展为一个融革命传统教育与风景旅游览胜为一体的5A级旅游风景区了。

　　井冈山两件宝——历史红，山林好！先来跟大家说说这"山林好"吧。井冈山位于江西省西南部，地处湘赣两省交界的罗霄山脉中段，古有"郴衡湘赣之交，千里罗霄之腹"之称，是江西省西南的门户。井冈山山高林密，沟壑纵横，层峦叠嶂，地势险峻。怪异的山石，参天的古树，神奇的飞瀑，磅礴的云海，瑰丽的日出，奇异的溶洞，令人心旷神怡，流连忘返。大文豪郭沫若先生游览井冈山后感慨万千，挥笔留下了"井冈山下后，万岭不思游"的赞美诗句。

（5）要有针对性

　　导游词不是以一代百、千篇一律的。它必须是从实际以发，因人、因时而异，要有的放矢，即根据不同的旅游者以及当时的情绪和周围的环境进行导游讲解之用。切忌不顾旅游者千差万别，导游词仅一篇的现象。编写导游词一般应有假设对象，这样才能有针对性。以下案例是根据不同的旅游者群体所撰写的导游词结尾。

**【案例2-5】颐和园铜牛部分导游词撰写**

　　知识点：颐和园铜牛坐落在廓如亭北面的堤岸上，当年乾隆皇帝将其点缀于此是希望它能"永镇悠水"，长久地降服洪水，给园林及附近百姓带来无尽的祥福。为了阐述建造铜牛的意义，乾隆皇帝特意撰写了一首四言的铭文，用篆字书体镌刻在铜牛的腹背上。铜牛是颐和园昆明湖东岸边一道独特的人文景观和艺术珍品。

　　导游词撰写：今天小马哥将带着大家走进颐和园去讲讲那里的铜牛。在颐和园昆明湖的东堤岸边，十七孔桥不远处，有一只神态生动、栩栩如生的镀金铜牛，它昂首俯卧于岸边，目光炯炯地凝视着湖的对面，似乎在向我们讲述着什么…这位旅游者问了，这个铜牛放在这里是干什么用的呢？我们大家一起来看我们面前这尊铜牛的背部。"夏禹治河，铁牛传颂，义重安澜，后人景从"。相传当时大禹三过家门而不入，忙于治水，他利用引导的方式将洪水引入了东海之中。这就是当年乾隆皇帝铸造时特意为铜牛题写的《金牛铭》的铭文。从这十六个字我们就不难看出，其实这个铜牛是一个镇水的神物，是当时乾隆皇帝依照大禹治水的典故而建造的。

在纽约百老汇大街与华尔街的路口，我们会看到华尔街的标志性建筑"金牛"——它就像离弦的箭一样蓄势待发，气宇轩昂。而在颐和园昆明湖畔昂首俯卧的铜牛，却悠然自得、心平气和地凝视着远方，俯卧的姿势不仅能够让铜牛抵住洪水，更能够很好地体现中国孔子的人文理念"和为贵"，一个"和"字包含了中国五千年来文化的精髓，"和"是人与人之间、国与国之间、人与自然之间共存的准则。

针对不同旅游者群体的导游词结尾：

针对中学生修学团：牛在我们中国人的观念里有很多优点，脚踏实地、勤勤恳恳，我希望我们的中学生能够发扬"牛"的精神，在学习中，认真勤奋，坚持不懈地努力，取得一个个好成绩。

针对中老年观光团：牛在我们中国人的观念里有很多优点，耐力持久，我希望我们的老人"老骥伏枥，志在千里"，人老心不老，越活越年轻。

针对亲子度假团：牛在我们中国人的观念里有很多优点，温顺善良，平和自如，我希望每一个家庭都能够和谐幸福。

针对商务考察团：牛在我们中国人的观念里有很多优点，稳扎稳打、冲劲儿十足，我希望每一位老板今年都可以"牛"市当头，牛气冲天。

（6）重视品位

创作导游词必须注意提高品位，一要强调思想品位，因为，弘扬爱国主义精神是导游员义不容辞的职责；二要讲究文学品位，导游词的语言应该是规范的，文字是准确的，结构是严谨的，内容层次是符合逻辑的，这是对一篇导游词的基本要求。

### 【案例2-6】布达拉宫导游词结尾撰写

在布达拉宫前我们总是会看到很多匍匐在地上磕长头的藏族同胞，对于这些藏族同胞来说，从他们走出自家门的第一刻起，他们都会三步或者五步一行礼，一直就这样到达他们的目标地布达拉宫，他们通过这样的行为来表达对信仰的虔诚，获得精神上的愉悦和满足。这种朝圣者仪式的虔诚度和付出度是让人惊讶的，但是他们的精神却值得我们敬佩，正如电影中的一句台词："你见过朝圣的人吗？他们的双手很脏，但是他们的心里比谁都干净。"湛蓝的天空下有着一颗颗纯净的心。请大家双手合十为这些虔诚的藏族同胞致敬，也希望我们能在这里得到安康、快乐和幸福。

今天的参观到此结束，请让我用藏语祝福各位朋友：扎西德勒！

## (二)爨底下村资源概况

### 1. 古村概况

爨底下村位于北京西郊门头沟区斋堂镇,因在明代"爨里安口"下方得名。它位于京西斋堂镇西北狭谷中部,新中国成立前属宛平县八区,现属斋堂镇所辖。距北京市区90千米,海拔650米,村域面积5.3平方千米,全村现有院落74个,房屋689间。大部分为清朝后期所建的四合院、三合院。依山而建,依势而就,高低错落,以村后龙头为圆心,南北为轴线呈扇形展于两侧。

图2-1 爨底下村俯瞰

### 2. 历史沿革

爨底下村距今已有400多年历史,现保存着600间70余套明清时代的四合院民居,是我国首次发现保留比较完整的山村古建筑群,布局合理,结构严谨,颇具特色,门楼等级严格,门墩雕刻精美,砖雕影壁独具匠心,壁画楹联比比皆是。爨底下村属清水河流域,绿树成荫,村后1.2千米处,有古道"一线天"。这里至今居住的依旧是清一色的韩氏家族。

"爨"原意有灶的意思,当年在建这个山村时,主人为其取名"爨底下",意为躲避严寒,或许有避难之意,观景寓意,让人大有世外桃源之感。现为国家3A级景区,市级文明单位,市级民俗旅游专业村,2003年被国家建设部、国家文物局评为首批中国历史文化名村,区级革命传统教育基地。著名的专家罗哲文先生赞誉:"爨底下古山村是一颗中国古典建筑瑰宝的明珠,它蕴含着深厚的北方建筑文化内涵,就其历史、文化艺术价值来说,不仅在北京,就是在全国也属于珍贵之列,公之于世,功莫大焉。"

### 3. 古村特点

(1)村名

爨底下的"爨"字,共有三十笔,发cuàn音,为了方便记忆可拆开说:兴字头,林字腰、大字下面加火烧,大火烧林,越烧越兴,岂不很热,而爨底下人全姓韩,取谐音(寒)则为冷意,冷与热在五行之中可以互补,宇宙万物有天就有地,有日就有月,有男必然有女,有冷就得有热,故而爨底下村在历史上曾辉煌过。

"爨"字从字意解释为:家,永不分爨,即永不分家。为:灶,烧火煮饭。为:姓,陕西省岐山县有爨家庄,全村千口余人皆姓爨。此字难写难认,会写则成爨,不会写则成一片,故而用谐音"川"字代之,但仍发爨音。最早是在1942年为方便抗日干部特别是外地抗日干部通讯联系,将"爨"改成"川",爨与川并用至五十年代末,基本就不用爨字了,1995年搞旅游开发后,爨字又大放熠彩。

图2-2 爨底下村

(2)四合院

爨底下村的四合院与京城四合院相比有相同之处,也有不同的地方。正房多大,厢房多大,门楼开在哪边,中轴线在哪儿,完全靠风水学所规范。左青龙,右白虎,前朱雀,后玄武,其建筑思想相同。在工艺上也讲究干磨细摆,磨砖对缝。

不同之处是,东西厢房向院中央缩进,减少占地面积,二进院中,内宅与外宅的中轴线上,不建垂花门,而建三间五檩的穿堂屋,以提高土地利用率。穿堂屋东侧开二门,大门开在前院东南角。雨水从大门左侧地洞排出。爨底下村的四合院的正房、倒座房大部分为四梁八柱,厢房为三梁六柱。墙体四角硬,房顶双坡硬山清水脊,房脊两端起蝎子尾,下置花草盘子,板瓦石望板或木望板,条砖墙裙。

门和窗的窗棂多富于变化:工字锦、灯笼锦、大方格、龟背锦、满天星、一马三箭和斜插棂字等。地基四周全用条石砌成,房两侧墙腿下有迎风盖板,其石雕花纹繁多而不雷同,有大方格、斜方格、水波纹或花卉吉语等。

**图2-3 爨底下村四合院**

（3）影壁

爨底下村的四合院前院东厢房的南山墙，后院东厢房的南山墙建座山影壁。上有帽，中有心，下有座三部分。帽上雕有寿桃，万字锦，檐头瓦当或虎头，或福字，磨砖假椽头或圆或方，精雕梅花，以取万事美好之意，心外角雕有四时花卉，内角雕云花，中心为置或雕"鸿禧"或书"福"字，而"福"字左上点为蝙蝠造型，下为梅花鹿头造型，而右侧为寿星造型，寓意福、禄、寿。更有在福、禄、寿上布有梅花，以其梅花五瓣状示五福临门，实为绝妙之极。用料考究，做工精细，装饰华美的影壁其主要功能是显豪富、壮观瞻、避邪气、迎吉祥。

**图2-4 爨底下村福字影壁**

项目一 古村落型（以爨底下村为例）

（4）门楼

爨底下村的门楼大部分建在四合院东南角，也就是沿中轴线横向东移，寓发横财。同时也符合"左青龙，右白虎"的风水思想。而建于街南的四合院门楼建西北角。屋宇式门楼居多，歇山起脊，板瓦石望板或木望板，脊两端起蝎子尾，下置花草盘子，磨砖对缝四角硬，前有前门罩，后有后门罩，或硬木透雕荷花、牡丹，或装窗棂卡花，门额之上有圆形或多边形门簪，上雕迎祥吉语。门槛下置门枕石，外起石墩，雕有吉语、花卉、瑞兽。门上装铜制或铁制门钹，配门环，钉锦，门楼四角下有迎风盖板，上有饯檐博缝富丽而壮观。

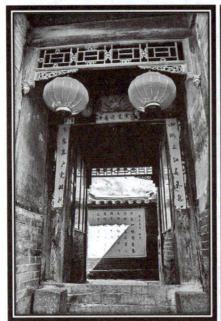 

图2-5　爨底下村门楼

◆【项目实施】

### 爨底下村导游词撰写

各位旅游者朋友大家好，欢迎您来到有着北京"小布达拉宫"之称的爨底下村，我是导游员小杨，我将与大家一同漫游这座已经有400多年历史的明清古村——爨底下村。

爨底下村位于北京市门头沟区斋堂镇，说到爨底下村，相信大家对这个爨字都十分感兴趣，爨字意为"炉灶"，那么为什么这座村子要以炉灶命名呢？这是因为村的西北边有一处险峻的山口，"两山相夹，天若一线"远远地望上去，就像是做饭的灶坑，名为爨里安口，当地人称"爨头"，所以位于爨头下方的村落得名"爨底下"。

爨底下村最有特色的莫过于这些明清时期留下来的古民居。现在还保留着70多套四合院，600多间房舍。下面就让我们去逛逛这些别具一格的山区四合院。

首先我们来到的是21号院，古宅套院，当地俗称"地主院"，这是村里少有的一座二进四合院。过去正房里住的便是地主老太爷，他的孩子住在厢房，下人则住在外院。正房多大，厢房多大，门楼开在哪边，中轴线在哪儿，完全靠风水学所规范。"左青龙，右白虎，前朱雀，后玄武"的规则与其建筑思想相同。在工艺上也颇为讲究，不同之处是，东西厢房向院中央缩进，减少占地面积，二进院中，内宅与外宅的中轴线上，不建垂花门，而建三间五檩的穿堂屋，以提高土地利用率。穿堂屋东侧开二门，大门开在前院东南角。有"宝风水发横财"之意。

门口的影壁也独具匠心，福字左上点为蝙蝠造型，下为梅花鹿头造型，而右侧为寿星造型，寓意福、禄、寿。更有在福、禄、寿上布有梅花，以其梅花五瓣状示五福临门，福字两侧分别是松树与柏树，寓意松柏常青。实为绝妙之极。

然而村中最阔气的院子还不是这一座，最阔气的宅院咱们还得去财主院看看，财主院的选址可谓是风水宝地中的风水宝地。房子的主人是一位商人，在内蒙古、河北怀来都有经商的地点，而这座阔气的宅院，也只是用来避暑。院门前的主路以青石和紫石铺砌，青石代表脚踏青云，紫石寓意紫气东来。财主院的大门也颇为气派，是在等级上仅次于王府大门的广亮大门，站在门洞中不仅能看到雕刻精美的门簪和倒挂楣子，还有两幅淡彩的笔画，分别是"福禄寿"和"望子成龙"。财主院的后院的北房是全村唯一一个五开间正房，这间房子也出于全村元宝形的圆形位置，地势最高可以俯视全村，这无疑是全村最好的位置了。

有一个很有意思的现象，就是爨底下村的村民绝大多数都姓韩，这是为什么呢？咱们还是从这个爨字说起，有这样一个顺口溜："兴字头，林字腰、大字下面加火烧。"大火烧林，越烧越兴，岂不很热，而爨底下人全姓韩，取谐音（寒）则为冷意，冷与热在五行之中可以互补，宇宙万物有天就有地，有日就有月，有男必然有女，有冷就得有热。

另一种传说是，村民的祖先是明代由山西洪洞县大槐树下移民而来，原村址在村西北老坟处，后因山洪暴发，将整个村庄摧毁。只有一对青年男女，外出幸免于难。为延续韩族后代，二人以推磨为媒而成婚，并在现址立村，婚后所生三子，始以福字为第一辈序排20辈；至今已发展到17辈，"茂"字辈。

还有一种说法是，明清时期，该村所在地为重要古驿道和京城连接边关的重要军事通道。爨底下村民系明代沿河城守口百户韩世宁的后裔，守户之家世代为军，有战参战，无战垦田，于是守卫爨里安的这支韩姓人家，由少增多，逐渐形成了村落，延续至今。

您可能又要问了，这个村子是如何在历史中发展得如此辉煌的呢？这里在明朝曾经是重要的军事要道，到了清朝渐为民用，变成了商道。这里还有一个有趣的小故事。清朝康熙年间，村上有一位叫韩守德的，因长相酷似康熙，于是被选中去京郊龙凤寺替康熙出家当和尚。从此，韩家被列为皇亲，成为京西第一财主。韩氏家族没有挥霍这些财产，他们看准了爨底下村有利的交通环境，做起了生意。生意越做越大，便成就了昔日的辉煌。

爨底下村还有个独特的地方是它的山特别有名，就是风水地理格局。整个村的形状像个大元宝，周边的虎山、龟山、蝙蝠山三座山连着，村民只要站在自己家院子里，就都能看到这些山。"上卧虎，下藏龙，背靠龙头浸水。"群山中形如虎、龟、蝙蝠、金蟾、笔架等的形象给初建村者以灵感，形成了"威虎振山""神龟啸天""蝙蝠献福""金蟾望月"等村景。真可谓是一片风水宝地。漫步村中我们不难发现韩家子弟在中日甲午海战中的立功捷报和清朝时的古训。坍塌的房屋是抗日战争中日本侵略者入侵家园的痕迹，也可以看到"文化大革命"时期的标语"读毛主席的书，听毛主席的话"，等等。不知道您置身于这古村中，有没有穿梭在历史长河中的感受呢？

感谢大家和我一起穿越历史，感受爨底下村给我们留下的历史烙印，今天的游览就在此告一段落，谢谢大家。

◆ 【技能训练】

### 导游词的撰写训练

1. 请针对不同旅游者群体的特点撰写爨底下村导游词的开篇和结尾。针对以下的旅游者群体：

（1）中学生修学团

（2）中老年观光团

（3）亲子度假团

（4）商务考察团

2. 请根据提供的资料任选一个古村落撰写导游词；

资料：历史最悠久的10个北京古村落

京郊之美，不仅在于其自然风光，更在于其纯朴深厚的人文底蕴。京郊一座座古村落以悠久的历史和独特的文化"镶嵌"在青山绿水间，用它们独有的历史积淀和淳朴气质在另一个角度诠释着京郊之美。

灵水村，位于北京西部门头沟区斋堂镇境内西北部，村落形成于辽金时代，至今已有近千年的历史。村民自古有崇尚文化的遗风，自明清科举制度盛行以来，村中考取功名的人层出不穷，曾有刘懋恒、刘增广等众多举人出现，因此灵水村被当地人冠以"举人村"。灵水村古民居是中国北方明清时期乡村民居建筑的典范，原貌保存较好。现有明代民居20余间，清代民居100余间。村域内自然风光秀美，文物古迹众多，其中东岭石人、独山莲花、南堂北眺、北山翠柏、柏抱桑榆、灵泉银杏、举人宅院和寺庙遗址等景点自古有"灵水八景"之称。

爨底下村，位于北京西郊门头沟区斋堂镇，川底下村，实名爨底下。因在明代"爨里安口"（当地人称爨头）下方得名，距今已有400多年的历史。爨底下村人（户主及子女）全姓韩，相传是明代由山西洪洞县大槐树下移民而来。原村址在村西北老坟处，后因山洪暴发，将整个村庄摧毁。只有一对青年男女，外出幸免于难。为延续韩族后代，二人以推磨为媒而成婚，并在现址立村，至今已延续到17代。爨底下村现保存着600多间70余套明清时代的四合院民居，民风淳朴，乡民热情，大部分民居都敞开大门等待你的入门览胜，民居的主人会很大方地招呼你四处看看，甚至会随口给你讲讲老宅子的故事。

柳沟村，位于延庆区井庄镇镜内，古称凤凰城。明朝时期，作为居庸关一重要门户，设驻军把总属，担负着明皇陵（十三陵）的防务重任。柳沟的豆腐宴很有名，特别是以火盆锅为核心的"豆腐宴"更是香飘京城，许多到周边景点游玩的市民都慕名来此。现尚有城墙、城门、古庙等遗址。柳沟村结合古城资源和新开发的三色豆腐：美容养颜的黄豆豆腐、滋补养肾的黑豆豆腐、清热祛火的绿豆豆腐，创出"凤凰城——火盆锅——农家三色豆腐宴"品牌。"火盆锅"特点是以素为主，荤素搭配，油而不腻。四周配以具有农家特色的三个辅锅，三个小碗，六个凉菜，取三阳开泰、四平八稳、六六大顺之意。该村接待了大量来自澳大利亚、加拿大、埃及等国家的外宾。除吃喝玩乐，还可品味到清初大才子纳兰性德优美的词句和生动有趣的传说故事。

焦庄户村，位于北京顺义区东北部龙湾屯镇镜内，村落形成于明代，因姓氏而得名，至今已有有500多年的历史。闻名遐迩的全国青少年爱国主义教育示范基地——焦庄户地道战遗址就坐落在这里。这里背倚层峦叠嶂的燕山——三十里山峰，峰峰相连，层林尽染；环抱碧波潋滟的金鸡河十八湾，河水湾湾相挽，山水连天；林木葱郁，气候凉爽，空气清新，鸟语花香，是休闲度假的天然"绿色氧吧"。电影《地道战》的部分镜头就是在此拍摄的，此外著名作家浩然就是在这里创作了长篇小说《艳阳天》。现已成为红色旅游的重要之地。现在供观众参观的地道战遗址保留有650多米长，地道内有休息室和指挥所，有单人掩体、陷阱、碾盘和庙台暗堡等战争设施，还有水缸、炕洞、墙柜、锅台、猪圈、柴棚、驴槽等较隐蔽的出入口和瞭望楼；地上村落部分主要是展示清末民初建筑风格的老式民宅、原汁原味的村落格局以及村民日常的生活场景。

琉璃渠村，位于北京市门头沟区三家店永定河古渡口西岸，是经历辽、金、元、明、清五朝的千年古村，琉璃烧造工艺是该村传承千年的技艺。从元代起，朝廷即在此设琉璃局，清朝乾隆年间北京琉璃厂迁至此地，后又修水渠至此，村子因此得名。琉璃渠村作为琉璃之乡而声名远扬，素有"中国皇家琉璃之乡"美誉的门头沟区龙泉镇琉璃渠村入选第三批中国历史文化名村。该村保存有规模完整的琉璃厂商宅院、北京唯一一座黄琉璃顶清代过街天桥、万缘同善茶棚、古道，古韵依旧，犹如置身于历史隧道。西山大道古道遗址以及数十套清代民居院落等建筑文物。从琉璃渠村东穿过闻名遐迩的过街楼，走在村中的老街上，竟然不时地听到小贩沿街叫卖的吆喝声，仿佛找到老北京的感觉。

黄岭西村，位于北京市门头沟区斋堂镇镜内，是一个古村落，相传村落形成于明代，至今已有500多年的历史。房屋建筑全部用石头堆砌而成，庭院与门窗的格式有明代建筑遗风。这些民居建于沟涧两侧，与古桥相连，沿石路可一览村中小桥流水，古朴的村貌。灰瓦屋顶的三合院、四合院，精美的砖雕、石雕、石鼓、石礅，构成了一幅幅山村民居图画，充分显示出小村庄的安详、静谧，颇有世外桃源的感觉。黄岭西村百余年来不仅保持着淳朴的民风，而且现在还保留着"山梆子""蹦蹦戏"等戏种。此外，为了发展村里的经济，黄岭西村在发展农业、旅游业的同时，还建立了150亩葡萄采摘园、300亩花椒采摘园为主的农业主题公园，栽培山野菜、杂粮等农产品，打造出了一条完美的农村生态观光游线路。让旅游者可亲手采摘，亲口品尝，亲近自然。

韭园村，位于北京市门头沟区王平镇镜内，据传说，过去这里的人们主要以种植蔬菜为生，尤其以种植韭菜而闻名，因此而得名韭园。该村成村古老，应在辽金时代，因村中有些古迹是在金元时期。该村是京西古（大）道上的"王平古道"出入古道的第一个古村落，至今已有近千年的历史。韭园村现由四个自然村组成，即韭园村、东落坡村、西落坡村和桥耳涧村。韭园村在北，东、西落坡村相联在南。桥耳涧村独立在东。四个小村在一个大山环抱中。现村内的文物古迹很多，如有"王平古道"从村中穿过，古民居、古庙、古碉楼等人文景观成为历史见证。这些古民居大多为精良的三合院、四合院。院落随山势的高低而建，错落有致。因村中的树木极多，树木的覆盖率竟达98%。故这些古民居大多掩映在浓荫中更显得古色古香。元代著名词人马致远的一首词中所描写的"枯藤老树""小桥流水人家""古道西风"等景物，在这里都能找到。

马栏村，位于北京市门头沟区斋堂镇镜内，又名马兰，明代圈放马匹之地，故此得名，至今已有五六百年的历史。抗战时期的峥嵘岁月给小小的马栏村留下了不可磨灭的功业，被人们尊仰为京西红村。在马栏村还出现了很多让人不能遗忘的历史名人：例如萧克和白乙化等。马栏村的古建筑都是用这种石头和泥土砌成的，村子在规划修缮时，都尽量保持这里的原貌，在村内的路上你到处都可以看到这个石头村奇特的景观。陈列馆出来是一溜老房子，村西有12座门桥，每座石拱桥通向一个古院落，有些院落大门紧闭，有些院落被木栅栏门半掩着。据街口的村民说，到了夏天，流经村庄的泉溪会在门桥下淌过，悠悠地坐在门桥旁的古树下发呆，看小桥流水人家一幅田园景色，该是很惬意的事情吧。

桑峪村，位于北京市门头沟区斋堂镇镜内北部，与灵水村毗邻相望。明代之前，桑峪村曾叫"三遇村"。"三遇村"坐落于山谷之中，因村中有三条沟壑相连，三沟之水相汇为一而得名。明朝后期，桑树茂密成林，郁郁葱葱，桑林包围全村。桑葚成熟时节，紫红的桑葚遍布村谷，食之不尽，久而久之"三遇村"演变成为"桑峪村"，至今已有700多年的历史。桑峪村原有十二条胡同，两个过街楼和一个村西边的"官大门"，如今官大门已不复存在，十二条古老的胡同大多已失去了往日的风貌。但一大一小的两个过街楼和保存较好的几条村巷仍能展现当年桑峪村的村落建构的格局，诉说昔日的辉煌。京西著名的天主教堂就在桑峪村。

水峪村，位于北京市西南80千米处的房山区南窖乡，为深山区村落，建成于明清时期，依山而建，错落有致，形成了独具特色的北方山村四合院民居建筑风格。全村沿一条西北东南向的沟岩分布，地势为西南高东北低，平均海拔五六百米。村中自然生态保持良好。而尤为宝贵的是该村尚有600间、100余套明清时代的四合院民居坐落在该村东缓坡之上，目前保留得都比较完整。一条S形的青石砌成的古道贯穿全村，村落成圆形，面南朝北，依山而建，形成独具特色的建筑风格，其最具代表性的建筑有杨家大院、瓮门、娘娘庙等。除此之外，该村还是北京市旅游局命名的民俗文化旅游村，远近闻名的"水峪中幡""大鼓会"就出于此地。水峪村还搜集整理石碾128盘，并被上海大世界基尼斯认证为"石碾收藏世界之最"，其中最为古老的是道光年间的石碾，时至今日还为人所用。

（资料来源：京报网）

## 项目二　休闲农园型（以洼里博物·乡居楼乡村文化庄园为例）

### 如何接待特殊人群

**【项目目标】**

技能点：

① 让学生了解我国发展休闲农业与乡村旅游的优势，熟悉我国休闲农业与乡村旅游的模式类型。

② 让学生熟悉常见的旅游特殊团队的类型，掌握特殊团队导游服务中的注意事项和服务技能。

③ 让学生实践旅游特殊团队在休闲农园游览时的导游服务技能。

知识点：了解我国休闲农业与乡村旅游发展的现状，熟悉其主要发展模式和类型，掌握其不同模式和类型的主要特征；熟悉常见的旅游特殊团队类型，掌握特殊团队的导游服务技能。

验收点：通过本项目的学习，学生能够熟悉旅游特殊团队的特点，根据其特点和需求进行针对性的导游服务，了解休闲农业园的类型和特点，提高此类型乡村旅游导游服务技能。

**【导入】**

**农业中的新贵"休闲农业"迎来黄金发展期**

休闲农业成为当下比较红火的农业经济产业，农业模式中的新贵。近年来，休闲农业受到重点关注，有人提出要到2020年实现产业规模进一步扩大，这预示着，休闲农业迎来黄金发展的五年！身边有很多以前从事房地产和互联网方向的大佬，都开始涉足休闲农业。为什么休闲农业会如此蓬勃发展？

俗话说，有需求就有市场。

随着城市里面生活节奏加快，生活压力的增加以及人们消费水平的提高和消费心理的日益成熟，消费渐趋理性化和个性化，越来越多的人迫切地需要一种宁静、优雅、自然的环境能够让自己放松下来，体验农事活动，体验农村民俗文化。人们的旅游不再是多个景点的走马观花式游览型，而是转变成了追求放松身心的休闲度假型。

因此，到乡村进行消费，这是个必然的趋势。

（资料来源：第一农经网）

就目前来看，休闲农业的未来还是一片光明，习近平主席说"绿水青山就是金山银山"。政府也开始积极发展休闲农业和乡村旅游，有政府的支持，各地的特色休闲农业也会如雨后春笋，遍地开花，中国休闲农业正在进入蓄势待发的腾飞时刻。导游是休闲农业园工作人员的队伍中非常重要的组成部分。

◆【项目情境】

"小公主"成了团队的中心

导游小李带团去北京金福艺农休闲农园，在团队里有个小女孩长得特别可爱，今年8岁了，小女孩非常崇拜小李，经常不离她的左右。小李也很喜欢她，即使带着客人游览农园时，也拉着那位小女孩，她还为小姑娘买冷饮，教她唱歌。行程结束后，小李觉得此次带团非常顺利，然而，在填评议单时，令她没有想到的是有很多旅游者给她打的分数很低，最后还是团里的一位老奶奶告诉了她为何客人对她有意见。因为她自始至终都在照顾那个小女孩，别的客人有一种被忽略了的感觉。

◆【项目分析】

导游小李特殊照顾了团队里的小女孩，而让其他客人感到自己被忽视了，引起了客人的不满。在旅游团队中，常常有些旅游者与一般旅游者有所不同，被称为"特殊"旅游者，如老年旅游者、儿童、残疾旅游者等。他们在旅游过程中不仅需要满足有别于一般旅游者生理上的需求，而且还有不同于一般旅游者的心理需求等，从而需要导游人员给予特别关照，为其提供"特殊"服务。

◆【知识链接】

（一）休闲农业与乡村旅游的模式类型

1. 我国发展休闲农业与乡村旅游的优势

休闲农业与乡村旅游最早起始于经济发达国家，如德国的"度假农庄"、法国的"教育农园"、意大利的"绿色度假"、日本的"观光农园"、澳大利亚的"郊野宿营"等,功能已从观光型转向休闲、度假、体验型。

我国既是一个农业大国,又是一个乡村大国,发展休闲农业与乡村旅游具有四大优势:一是我国乡村自然景观多样、优美,生态环境好。二是农业历史悠久,农业景观类型多样,地区差异显著。既有南方的水乡农业景观,又有北方平原的旱作农业景观;既有沿海发达地区及大城市郊区的农业景观,又有西北干旱区的绿洲农业和草原牧业景观。三是民族文化和民俗文化丰富,中国农村特色的农耕文化、民俗风情、田园生活、乡村风貌、农果品尝、文化娱乐等人文景观,开发潜力大。四是随着城市化发展,到乡村旅游的城里人会越来越多,有巨大的客源市场。

**2. 休闲农业与乡村旅游的模式类型**

我国农业部乡镇企业局将我国休闲农业归纳为八种模式类型,即观光采摘园、农家乐、教育农园、农业科技园、生态农业园、市民农园、度假休闲农庄和民俗文化村。

(1)果香四溢——观光采摘园

观光采摘园是以果树资源为基础,以提高经济效益为目的,拓展农业多功能性,将果树产业与景观、文化、科技等要素结合,提供特色的农业服务,满足消费市场多样化需求的现代农业产业形态。

观光采摘园的基本特征包含以下几点。

① 距离城市较近,交通便捷,一般位于城市近郊或风景点附近,乘公交车可以方便到达。

② 规模不求大,但要求集中连片,可新建也可利用原有的种植地改造而成。

③ 具备旅游景区的基础条件(路网通畅)和基本旅游设施(如停车场、观景平台、凉亭、座椅等)。

④ 物产丰富,四季皆有收获。依据观光采摘季节不同,观光采摘园通常配置丰富多样的作物品种(如水果、蔬菜、瓜果、茶叶、花卉、五谷杂粮等)供旅游者采摘购买。

⑤ 采摘中的基础设施(如道路等)和栽培管理技术(如果树矮化、果园清洁、无公害、病虫防治技术等)都应保证旅游者参与农事活动时安全、便捷等。观光采摘园除了让旅游者自助采摘果实外,还有各个农耕季节,四季变换的农业景象,一直都是观光的好去处。

⑥ 园区名称突出主题特色,一般命名为观光采摘果园、观光采摘菜园、观光采摘竹园、观光采摘茶园、观光采摘草莓园、蘑菇采摘园等。

(2)田园独秀——农家乐

农家乐是以农民家庭为基本接待单位,以利用自然生态与环境资源、农村活动及农民生活资源,体验生活为特色;以农业、农村、农事为载体。以"吃农家饭、住农家屋、干农家活、享农家乐"为主要内容，以旅游经营为目的的休闲农业项目。

农家乐的基本特征包含以下几点。

① 旅游者以中、低收入层次的城市居民为主，农家乐一般费用都比较便宜，旅游消费实惠，颇受都市旅游者的青睐。

② 具有休闲农业最基本的乡土性，旅游者可以直接贴近大自然，可以直接参加农家所进行的各种农事活动，还可以品尝没有见过或很少见过的农产品，或者品尝自己付出劳动而得到的劳动果实。

③ 观光项目受到农业生产季节性的限制，往往淡季、旺季差别十分明显。通常，生产管理季节是观光旅游的淡季，旅游者寥寥无几，旅游收入很少；而收获季节旅游者较多，应接不暇。

（3）寓教于乐——教育农园

又称认知农园、教育农场、学童公园、自然生态教室等，是利用农林业生产、自然生态、动植物、农村生活文化等资源，设计体验活动以达到教育的目的，让旅游者在体验中学习农业及相关领域的知识。

教育农园的基本特征包含以下几点。

① 服务对象以儿童、青少年学生及对农业知识、自然科学知识感兴趣的旅游者为主。

② 多位于城郊、交通便利的地区。

③ 园区内农作物多为小面积种植，为学习农业科学知识、生产知识提供场所和素材。

④ 活动设计多元化，旅游者参与的动手活动较多。

（4）科技之苑——高科技农业示范园区

它又称农业科技园，是指在一定的地域范围内，以当地的自然资源、社会资源为基础，以农业生产、科技教育、技术推广等单位为依托，充分发挥农业科技进步优势，广泛应用国内外先进适用的高新技术，综合开发利用自然资源和社会资源，合理地配置各种生产要素，由农业研究部门和各级行政管理部门共同筹建的，以高新技术的集约化投入和有效转化为特征，以企业化管理为手段，集农业生产、农业科技研究、示范、推广等活动为一体的农业新类型，具有科学实验、产业孵化、推广示范、普及教育等功能。

高科技农业示范园区的基本特征包含以下几点。

① 园区内高新技术和人才高度密集。

② 产出的技术高、新、精、尖和高附加值的农业产品或技术。

③ 园区内的行政、企业管理及经济运作方式有别于一般开发区，更为自主灵活，具备良好的产业孵化功能。

④ 示范区环境优美，田园风光和城市景观协调融合，科技示范设施先进，

科研试验条件优越，生活和休憩服务设施完善。

（5）自然天堂——生态农业园

生态农业园主要是指以在园区内建立农、林、牧、副、渔综合利用的生态模式，形成林果粮间作、农林牧结合、桑基鱼塘等农业生态景观为主的休闲农业类型。生态农业园区的主要服务对象为具有较高科学文化知识、较强生态环保意识的居民和学生。园区的主要构成元素是以生态农业模式、生态农业知识宣讲载体、生态农业观赏地、生态农业休养地为主。

生态农业园的基本特征包含以下几点。

① 功能齐全，双重效益。生态农业旅游为旅游者提供了一定的乡村空间，旅游者在景区内观光、休闲、参与娱乐、品尝美食，甚至亲自劳作，既增长知识，又亲近自然，陶冶情操。园内还可以举办节日庆典活动，加强旅游者之间的感情交流，传播信息，增进友谊，缩小差距，企业和农民则通过销售产品，提供食宿服务和劳务以增加收入。

② 保护环境，持续发展。观光农业的建设严格按照生态农业和有机农业的要求进行生产，只允许在有害物质残留规定标准范围内适量地使用化肥、农药，其产品为无公害的、安全的、营养的绿色保健食品，大大减少了对环境的污染。生态环境优美，生物多样性在这里得到充分体现，植被覆盖率也大大高于一般农区。

③ 回归自然，身心享受。生态农业旅游满足了城乡居民渴望亲近自然、回归自然的要求，它用生态学、美学和经济学理论来指导农业生产，通过合理规划布局，自然调节和人工调节相协调，使农业生态系统进入良性循环，具有生产、加工、销售、疗养、旅游、娱乐等综合功能。

④ 科技特色，高效农业。生态农业旅游具有高科技特色，用先进农业技术进行开发，由掌握先进技术的人来管理，形成具有相当规模、各具特色的农业整体，成为具有较高的先进农业技术支持和科学管理手段的新型农业。

（6）归田园兮——市民农园

市民农园是由农民提供土地，让市民参与耕作的园地。一般是将位于都市或近郊的农地集中规划为若干小区，分别出租给城市居民，用以种植花草、蔬菜、果树或经营家庭农艺，其主要目的是让市民体验农业生产过程，享受耕作乐趣。农产品可自己享用，但不以盈利为目的。市民农园以休闲体验为主，多数租用者只能利用节假日到农园作业，平时交由农地提供者代管。市民农园一般都包含在其他观光农园类型中，较少独立存在。

市民农园的特征包含以下几点。

① 以"认种"方式让城市居民委托农民代种或亲自种植花草、蔬菜、果树或经营家庭农艺，使消费者共同参与农业投资、生产、管理和营销等各环节。

② 对土地进行小面积的租赁，租期也比较短。

③ 投资不大，接待成本低，旅游者的花费亦较少。

（7）怡情精品——度假休闲农庄

它是一种综合性的休闲农业园区，是伴随着近年来都市生活水平和城市化程度提高而出现的集科技示范、观光采摘、休闲度假于一体的、农庄式的综合农业园区。台湾宜兰县香格里拉休闲农场、台湾清境卢森堡休闲农庄、福建招宝"刘老根生态休闲农庄"、海南亿特山庄等是此类型休闲农业的代表。

度假休闲农庄的特征包含以下几点。

① 品质较高，主要依靠优质的服务与设施。

② 规模较大，旅游资源丰富。

③ 消费水平偏高，适合城市收入较高者消费。

④ 以丰富、创意的主题作为支撑，给旅游者以高品质的享受。

（8）返璞归真——民俗文化村

民俗旅游是指选择具有地方或民族特色的地区，利用农村特有的民间文化、地方习俗和少数民族独有的民族传统作为休闲农业活动的主要内容，让旅游者充分享受浓郁的乡土风情和乡土文化。如通过参观农村民俗文化馆、乡村博物馆、农艺品生产作坊和乡村居民建筑，参加游春、歌会、赛马等乡土文化活动，考察民俗古迹、地方人文历史，体验农业生产与农家生产的变迁过程。

民俗文化村可以分为民间艺术展示、民俗风情展示、民居建筑风格展示及少数民族习俗文化展示4种类型。在我国，民俗文化村多以子项目的形式存在于其他休闲农业园区中，也有单独以民俗文化村形式出现的观光农工业类型。例如，江西婺源县的晓起、李坑等13个民俗文化村，深圳的锦绣中华民俗村等。

民俗文化村的特征包含以下几点。

① 民俗文化村一般以展现人类各民族的民间艺术、民俗风情和居民建筑为主体，少数还兼有非物质文化遗产保护功能。

② 以文化探秘的境内外旅游者和研究学者为主要经营对象，是一种开发文化特性非常突出的乡村深度体验型产品。

③ 具有民俗传统文化的延续性和独特性。

## （二）特殊旅游者（团队）的接待

### 1. 特殊旅游者的接待

（1）如何接待老年旅游者

目前，在中国"夕阳红"旅游者占有较大的比重，往往他们之中还不乏高龄旅游者。面对这些老年旅游者，导游人员应通过谦卑恭敬的态度、体贴入微的关怀以及不辞劳苦的服务做好高龄旅游者的接待工作。导游人员在接待老年旅游者时应做到以下几点。

① 放慢速度。一是适当放慢行走的速度。老年人毕竟年龄不饶人，大多数

腿脚不太灵活，力不从心。为了安全起见，导游员在带团游览时，一定要放慢脚步，照顾走得慢或落在后面的老年旅游者，选台阶少、较平坦的地方走，以防摔倒碰伤。

二是放慢讲解速度。导游人员在向老年旅游者讲解时，应适当放慢讲解速度，加大音量，吐字要清楚，必要时多重复。

② 耐心解答问题。老年旅游者喜欢提问题，好刨根问底，再加上年龄大，记忆力不好，一个问题经常重复问几遍。遇到这种情况，导游人员不应表示反感，要耐心，不厌其烦地给予解答。

③ 预防老年旅游者走失。进入游览景点之前要反复强调上车地点。每到一个景点，地陪都应不厌其烦，反复多次地告诉老年旅游者旅游路线及旅行车停车的地点。

一定要提前嘱咐老年旅游者。特别是高龄老年人，最担心找不到团队，一旦走失，孤独无助的感觉比一般旅游者更厉害。因此要告诉他们，一旦发现找不到团队，千万不要着急，可通过电话与导游联系或在原地等待，不要到处乱走，导游人员会顺原路来找。

④ 多做提醒工作。老年旅游者由于年龄大，记忆力减退、动作较迟缓、视力欠佳，因此导游人员每天都应重复讲解第二天的活动日程，并提醒注意事项。如预报天气情况，提醒增减衣服；走路较多，需穿旅游鞋，以及第二天的出发时间等。进入游人较多的旅游景点时，一定要多次提醒他们提高警惕，带好自己的随身物品。旅游活动中适当增加老年旅游团去厕所的次数，并提前提醒他们备好零钱。老年人一般有老年慢性疾病，应多提醒他们随身常备药品；导游在老年旅游者旅游团结账离店、换乘交通工具时，要列举证件、贵重物品、常用品，提醒他们不要遗忘在酒店或交通工具上。

⑤ 采取多种措施以保持和尽快恢复老年旅游者的体力。应适当增加休息时间。有条件的情况下，上、下午参观游览时各安排一次中间休息，在晚餐和看节目之前，应安排回饭店休息一会儿，不要因晚间活动而回饭店太晚；劳逸结合，灵活安排日程。选择便捷线路和有代表性的景观，少而精，无须面面俱到。导游人员应根据高龄旅游者的生理特点和身体情况，妥善安排好日程。首先，日程安排不要太紧，活动量不宜过大、项目不宜过多，在不减少项目的情况下，尽量选择便捷路线和有代表性的景观，少而精，以细看、慢讲为宜。此外，带高龄旅游团不能用激将法和诱导法，以免消耗体力大，发生危险。

选择安全的停车地点。提醒司机将车停在有灯光、没有台阶和障碍物的地方，以免老年人摔伤。

（2）如何接待儿童旅游者

出于增长见识、健身益智的目的，越来越多的旅游者喜欢携带自己的子女一同到目的地旅游，其中不乏一些少年儿童。导游人员应在做好旅游团中成年旅游者旅游工作的同时，根据儿童的生理和心理特点，做好专门的接待工作。

① 注意儿童的安全。儿童旅游者，尤其是2～6岁的儿童，天生活泼好动，因此要特别注意他们的安全。导游可酌情讲些有趣的童话和小故事吸引他们，既活跃了气氛，又使他们不到处乱跑，保证了安全。如果旅游团中有多名儿童，可以引导他们举行临时性的表演或游戏，对于参与的儿童可以发放小纪念品奖励，这样既活跃了气氛，也可以让儿童更积极地参与旅游活动。

② 掌握"四不宜"原则。对有儿童的旅游团，导游人员应掌握"四不宜"的原则：

不宜为讨好儿童而给其买食物、玩具；

不宜在旅游活动中突出儿童，而冷落其他旅游者；

即使家长同意也不宜单独把儿童带出活动；

儿童生病，应及时建议家长请医生诊治，而不宜建议其给孩子服药，更不能提供药品给儿童服用。

③ 对儿童多给予关照。导游人员对儿童的饮食起居要特别关心，多给一些关照。如天气变化时，要及时提醒家长给孩子增减衣服；如果天气干燥，还要提醒家长多给孩子喝水，等等；用餐前，考虑到儿童的个子小，导游员应提前请餐厅帮忙准备好儿童用椅和一些方便儿童使用的餐具，以减少其用餐时的不便。

④ 注意儿童的接待价格标准。对儿童的收费是根据不同的年龄，有不同的收费标准和规定，如：机票、车、船票、住房、用餐等，导游人员应特别注意。

（3）如何接待残疾旅游者

在旅游中，有时会有截瘫、聋哑、盲人或视力障碍等残疾旅游者。对这类旅游者，导游人员首先要端正自己的态度，在任何时候和任何场合都不应歧视和讥笑他们，也不要打听其残疾的原因，而应对他们表示尊重和友好。导游人员必须懂得，残疾旅游者外出旅游须克服许多常人难以想象的困难，尤其是外国残疾旅游者，他们不远万里来到中国，说明他们对中国的历史文化有特别的兴趣，对中国人民有着特殊的感情，相信中国人民不会歧视他们。导游人员还应懂得，这类旅游者的自尊心和独立性很强，虽然与常人相比他们有许多不便，但又不愿给别人增添麻烦。其次，导游人员除了要做好旅游团中其他旅游者的服务外，对他们还要提供特殊服务。在服务中要特别注意方式和方法，既要满腔热情，细心周到，尽可能地为他们提供方便，又要举止随和，表情自然，不要给他们形成精神上的压力。

① 对截瘫旅游者的服务。对截瘫旅游者的接待，导游人员应做好如下工作：

根据接待计划，明确这类旅游者是否需要轮椅，如需要，应提前通知饭店和有关单位进行准备。

与计调部或有关部门联系安排方便这类旅游者存放轮椅和其他物品的旅行车。

在活动安排上,要充分考虑他们的生理条件和特殊需求,如游览路线尽量不走台阶,用餐尽量安排在一楼餐厅,提前告知卫生间的位置等。

② 对聋哑旅游者的服务。接待聋哑旅游者,导游人员应将其安排在旅游车前排就座,以便他们在导游人员讲解时可以通过口形来获取信息。导游人员讲解时,应面向他们,并放慢讲解速度,使他们能了解更多的讲解内容。导游人员若能用手语讲解则效果更好。

③ 对有视力障碍旅游者的服务。接待有视力障碍的旅游者,导游人员也应安排其在前排就座,以便他们上、下车便利;讲解时导游人员应主动站在其身边,以便其揣摩导游人员讲解的内容。参观游览中,凡能触摸的事物和展品尽量让其触摸,以提高他们的游兴。

(4) 如何接待宗教界人士

在一般旅游团中有宗教界人士参与,他们虽以普通旅游者身份来华旅游,但导游人员在带团过程中需要给予其一定程度的区别对待,除了要特别注意尊重其宗教信仰和生活习惯外,还应设法满足其特殊要求。

① 学习和掌握我国的宗教政策,了解相关情况。

② 认真分析接待计划,了解接待对象的宗教信仰,并对该宗教的教义、教规等情况进行事先了解,以免在接待中发生差错。

③ 在具体接待时,对这类人士的参观游览、社交活动和生活方面的特殊要求早做准备,认真落实,以免处理不当而引起误会。

④ 向饭店服务人员及其他有关人员交代接待对象的宗教习惯和戒律,提醒他们注意尊重客人的宗教信仰。

⑤ 不要与客人涉及有关宗教问题的争论,更不要把宗教与政治、国家之间的问题混同在一起,随意评论。

**2. 特殊旅游团队的接待**

(1) 学生旅游团队

学生旅游团队是指以在校学生为主体,通过一系列具有明确的主题与目的的旅游活动,让学生认识多彩的世界,了解先进的文化,丰富学生的精神世界。学生旅游团队的种类很多,除了传统意义上的学生春秋游之外,针对学生旅游市场,目前,旅行社推出了多样化的学生团;国内国际的交流访问、修学旅游、亲子旅游、大学学府游、科普教育游以及各种形式的夏令营和冬令营。导游在带领学生团队时要注意其以下几种要求。

① 安全要求。学生旅游团队必须牢固树立安全意识,凡事坚持"安全第一",切实避免各类安全事故的发生;学生旅游团队所乘坐的车辆,标志要醒目,可分别张贴在汽车前后挡风玻璃的右侧。

② 特色要求。一方面,学生旅游团队的旅游者都比较年轻,因此,学生旅游团队大多追求个性、时尚,旅游活动倾向于一些带有刺激性、挑战性的旅游项

目。另一方面，学生旅游团队对各个地方的历史文化、风土人情又有着浓厚的兴趣，所以学生旅游团队会选择一些历史文化积淀浓郁的旅游城市、景区景点。

③ 讲解要求。学生旅游团队需要的是高雅文明的旅游活动，而且经常有家长、教师陪同。因此，对导游员讲解的水平要求较高，应通过参观游览让学生感受到一次高尚的文化熏陶。

（2）如何接待妇女旅游团

俗话说："三个女人一台戏。"妇女旅游团的最大特点是兴奋、热闹。在旅游途中她们喜欢谈论家庭琐事、购物以及化妆等，同时也喜欢自由活动式或三五成群聊天拍照，思想上容易开小差，人也经常走散、走失。妇女们求全心理高，团队内时常会有一些小矛盾产生。因此，导游员应根据妇女的特点，设法让她们高兴而来，满意而归。

① 带领好妇女旅游团首先要做好三项工作：一是讲解景点要清楚、要耐心，带团速度不宜过快，照顾面要周全，时常要多讲些有趣和传统的故事，让她们在轻松的氛围中旅游。二是交代事情、提醒注意事项要清楚明确，说话不绕圈子。三是要经常关心她们的身体状况，带团时多清点人数，防止有人走失。

② 在旅程安排上要松紧适宜，多给她们一些交流感情的时间。在商店购物时导游员要做好参谋工作，较为详细地介绍商品的特色，尤其是土特产品。同时也应注意，女性旅游者在个别或三五成群地谈论聊天时，导游员最好不要参与进去。

③ 在旅途中，导游员还要防止她们懒散和求全心理的出现，游程结束时要特别关照她们注意带好自己随身携带的东西，以免造成经济上的损失和精神上的不悦。

（3）如何接待年轻人旅游团

年轻人旅游团最大的特点是喜欢多动多看，他们对旅游有一种特殊的偏爱，在旅途中也时常表现出激动、好奇和热闹。因此，导游员带领年轻人旅游团进行参观游览时，应根据年轻人的特点，在不违反旅游接待计划的基础上，尽量满足他们合理而又可能的要求，使旅游活动顺利健康地开展下去。

带领年轻人旅游团的关键是在于导游员本身要充满朝气活力，另外，要了解他们的心理活动特点并善于组织旅游活动。一般来说，年轻旅游团到达旅游景区后，往往表现出与众不同的渴望和向往心理，追求那些闻所未闻、引人入胜的景色，驱使自己尽情地观赏和游览。为此，想多一点自由活动的时间，想多拍一些照片留念，已经成为年轻人旅游团最大的需求。在这种情况下，先睹为快，先玩为快，然后再慢慢听导游员讲解已形成规律。所以，对于那些不分青红皂白、没有重点特点、没完没了讲解的导游员，他们是不欢迎的。其次，随着旅游活动的进一步开展，旅游者之间得到了进一步的交流和了解，此时，他们会变得熟悉和亲热起来。旅游团队中懒散和求全心理也会出现，平时活泼的人会变得更加活跃，平时散漫的人更容易迟到，许多人还会丢三落四。他们还特别喜欢开玩笑，提出各种各样、名目繁多的奇异问题。这时是导游员最难带团的阶段。

因此，导游员的基本做法是：尊重旅游者、热情服务、讲有特点、做有规矩、履行合同、等距交往、有紧有松、导、游结合。导游员要控制好整个团队的旅游节奏，包括做好思想工作和组织工作，防止因满足不了个别人的需求而影响其他旅游者的情绪，造成对整个旅游接待计划不利的事情发生。

### （三）亲子农乐园类型及北京洼里博物·乡居楼乡村文化庄园概况

#### 1. 亲子农乐园的主要类型

（1）按功能分

① 休闲观赏型。此类型农乐园的关键点在于景观的打造，一般都是建在乡村田园，或是建在近郊，自然环境怡人，地势开阔地带。具有一定特色的游赏型产品非常有利于启蒙期的孩子们系统地认知事物，也利于孩子们的辨识能力和常识的储备，家长也更乐意。比如主题农乐园，有基础的植物、蔬菜，最好再养一些小动物。

② 亲子互动型。旅行是帮助孩子成长的第二课堂，同时也是家长可以用心陪伴孩子的优质方式。亲子在此类型农园中可以共同游戏玩乐，并在过程中可以更加拉进感情。例如简单的农事活动、DIY手工、农具小模具、各类小游戏等。

③ 亲子教育型。该类型农乐园一直深得家长和孩子的喜爱，亲子游融入教育，寓教于乐，启发孩子的智慧，在设计考虑时要既能够利用和发挥孩子现有的能力，又能够引导和发展他们新的能力。

（2）按规模分

① 科普课堂。科普课堂主要针对青少年学生，以科普和社会实践为主要目的，以夏令营或学校集体组织为主要形式。解说系统的规划设计是其开发重点，要做到知识性、趣味性、科学性"三性合一"使亲子在玩乐时也可以学到很多知识。

② 小小农场。以几十平方米为单位将农田划分成若干小块供亲子共同管理耕种，采用自主管理或委托管理的经营方式。农场提供免费种子、农具和限量有机肥料。部分农场实行会员制管理，并提供采收配送服务。另外，农场还可提供果树认养、动物认养等项目。使孩子和父母都可以亲身体验作为农民的乐趣。

③ 乡村游乐园。乡村游乐园是一种以乡土风格为特色的亲子游乐项目，游乐设备主要是一些简单的娱乐设施，比如跷跷板、秋千，还有一些自制玩具，像滚铁环、弹球、弹珠、玩泥巴、跳房子等。

④ 农业嘉年华。农业嘉年华是将嘉年华的娱乐方式融入农业节庆活动中，以农耕时节、开花和丰收季节的农业主题节事活动为主要内容，以生态田园为主要活动场地，通过举办系列主题创意活动吸引旅游者，获得农业生产以外的

收益。

⑤ 农业地球村。亲子农业是在农业生产的基础上进行延伸开发的，具有引导城市家庭体验乡村氛围和田园生活的功能。对农场经营者而言，如何将儿童农业见学寓教于乐，形成良性的持续的到访，增加家庭的黏性，拉动农场相关产品的消费，或是未来中国新农场产业运营决胜的关键。

### 2. 北京洼里博物·乡居楼乡村文化庄园概况

洼里博物·乡居楼乡村文化庄园起源于2002年成立的洼里乡居楼，地处北京中轴线北小汤山（奥运村向北约20公里），小汤山大柳树环岛向东五公里。这里目前是一个环境优美，适宜亲子活动、家庭聚会的休闲小庄园。这里有洼里的故事，有乡土的记忆，有美味的农家特色菜肴，还有各种童年欢乐的游戏活动。洼里乡居楼已经拥有自己的乡村品牌，成为"北京的世外小桃源、孩子们的大乐园、乡村生活的好去处"，洼里博物·乡居楼旅游导图如图2-6所示。

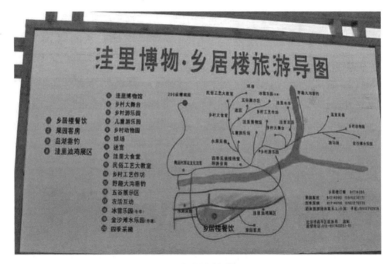

图2-6　乡居楼旅游导图

洼里博物·乡居楼乡村文化庄园主要的功能区如下。

（1）洼里乡村博物馆——传承乡土记忆

洼里乡村博物馆共为12个展厅，分别再现了洼里古墓文化、土地改革、互助组、初级社、高级社、合作化运动、人民公社以及文革对农村的影响，特别是中国乡村改革开放以来的巨大变化，这是新中国成立以后的乡村全部历史进程的一个缩影，其中展出各类古老乡村农具500余件，展出乡村老照片1000余幅。如图2-7所示。从乡村博物馆开馆至今近8年时间共接待客人33万余人次。从耄耋老人到学龄孩童，从国内旅游者到外国友人，从政府官员到平民百姓，都对洼里博物馆表示了由衷的赞叹。

图2-7　洼里乡村博物馆

（2）乡村民俗体验教育基地——活化农耕文化

洼里乡居楼创建了体验式教育活动项目。他们基于"做中学、学中感、感中思"让孩子体能、智商、情商和谐发展的教育体系和理念，让孩子们在实际体验中学到人文、历史、农业、数学、物理、化学等学科知识，更增强了孩子们对这些领域的探索欲望和兴趣。它还创建了中华乡村民俗体验教育基地，活动项目主要包括以下几项。

五谷八卦体验园：种植高粱、谷子、黍子、黄豆、玉米、白薯、芝麻、蓖麻、向日葵、水稻等，孩子们不仅能认知它们的形状，还能了解它们的生长习性、食用方法与价值，五谷分、四体勤，通过参与播种与收获，增加对农业知识与农事的了解与热爱，如图2-8所示。

图2-8　五谷八卦体验园

农活体验区：推拉踩摇真正能上水浇田的大水车，既能合影留念又可运转浇水稻，又知道了它的古老原始结构和科学原理。用传统的木犁耕地，用传统的木耧播种，用传统的石墩进行墩地，用传统的方法进行盖地，脱坯盖房、脱粒、压场，推碾子、压玉米面、柴锅贴饼子、磨豆浆、做豆腐，学做这些农活儿，使孩子们了解传统农艺，培养热爱劳动的心灵，农活体验区如图2-9所示。

图2-9 农活体验区

多种民俗工艺体验馆：乡村剪纸、民族扎染、画京剧脸谱、蘸糖葫芦、刨笤帚、制作鸡毛掸子、木板年画、传统木艺、柳条编筐、传统手工艺等，孩子们在这里学习手艺，既发展了精细智能，又增加了对传统民俗工艺的认知和热爱，如图2-10所示。

图2-10 多种民俗工艺体验馆

乡村动物园：各种羊、鸡、兔子、矮马、奶牛、水牛、牦牛等，让孩子们在与动物的亲密接触和喂养中，培养自己与自然、与动物和谐相处的精神，如图2-11所示。

图2-11 乡村动物园

儿童潜能拓展园：过独木桥、攀绳网、钻网圈、跷跷板、走滚筒、荡秋千、环球迷宫等，这些孩子们乐此不疲的纯乡土玩法，不仅锻炼增强了孩子的体魄与能力，更提升了孩子们的运动智能和团体合作精神。每逢节假日人们从四面八方聚集在这里，尽情地享受这些乡村、乡土文化的乐趣，如图2-12所示。

**图2-12 儿童潜能拓展园**

（3）洼里乡居楼农家菜系——舌尖上的有机农家菜

洼里乡居楼培育了600亩种植、养殖基地，自种、自养、自榨油，自建豆腐坊、豆芽坊、自建酒坊。每天早上新鲜的蔬菜、野菜，采摘后，直接进入大厨房。著名的洼里油鸡来自洼里乡居楼自育自养。洼里乡居楼给旅游者提供的是原生态绿色食品。

自种黄豆7万斤/年，供应自己的豆腐房，形成豆腐系列菜品；自种玉米8万斤/年，形成柴锅贴饼子、菜团子、糊饼、烙糕子、大渣粥系列主食；自养野鸭、野猪，形成了野味系列菜品；自育、自养洼里油鸡，形成洼里油鸡特色菜品；创建17口大柴锅，大劈柴真烧真炖，原始入味，形成农家炖菜系列菜品；自建温室大棚，长年种植蔬菜、野菜，每天现采形成大拌野菜、软炸桑叶等系列保健菜品；自建大鱼池，放养鲟鱼、虹鳟鱼、鲤鱼、鮰鱼等，现杀现做，形成鲜鱼菜品品牌；鲜豆浆每天现磨现煮，免费超值享受；古老农具展，免费参观；洼里乐园，可亲身体验过去的乡村生活；四季采摘，草莓、桑椹、樱桃、杏桃、李子、梨、枣、蔬菜、野菜……洼里的经营理念是创建自种、自养、自榨油体系，保障食品绿色原生态品质，实现养颜、养生、长寿目标，追求"您幸福、我欢乐"境界。

洼里油鸡，御封"天下第一"。由于口感细嫩、鸡汤香气浓郁、营养价值高，清代一直是朝廷贡品，被称为"宫廷黄鸡"。许多旅游者第一次品尝，就再也忘不了它的美味。

鲟鱼七吃，由椒盐鱼皮、香炸里脊、红烧鱼杂骨、白芍鱼杂、熘鱼片、生鱼片、鲟鱼汤组成，还有各种特色乡村菜，如图2-13所示。

图2-13 洼里农家菜

（4）四季采摘观光体系——打破旺季淡季的明显界限

洼里乡居楼建造了温室观光采摘区域，种植草莓、桑葚、各类蔬菜、野菜，保障了冬季客人的采摘需求。还利用温室已形成的景观蔬菜种植区，创立了盆栽蔬菜五感观光园。园内培育的特色蔬菜，外观漂亮，营养价值又高，园内小桥流水曲径通幽，又有科学趣味的七桥定义原理，客人也可购买带回家放在阳台上或居室内形成家庭菜园，深受旅游者喜爱。在北京市技术推广站的指导下，洼里乡居楼景观蔬菜园已成为北京市创意农业景观蔬菜种植推广项目之一。

冬季观光采摘品种项目完成后，各种露地采摘品种项目也形成了采摘体系，如200亩樱桃园的乌克兰大樱桃品种。早桃、杏、李子、韩国梨、枣、西瓜、甜瓜、花生、白薯等一年四季周而复始，不论团体客人，还是家庭老少三代，大家体会着劳动和收获的乐趣。四季采摘观光体系的创立，为洼里乡居楼这个新型业态注入了新的活力。

◆【项目实施】

## 洼里亲子一日游

| 活动主题 | 洼里乡居楼，带着孩子自制陶艺 |
|---|---|
| 活动特色 | 洼里乡居楼是一个很适合带孩子去的地方，洼里博物馆、洼里乡村游乐场、洼里垂钓、洼里采摘园，洼里乡居楼是亲子郊游的一个绝佳之选 |
| 活动安排 | 集合地点：芍药居社区北里北门（居然之家对面），乘坐公交车在望和桥站下车即是。<br>1. 出发时间：6月28日周日8：00正时出发，过时不候哟！<br>2. 大约一个半小时到达洼里乡居楼，略作调整后，先参观洼里博物馆。<br>3. 洼里乡居楼儿童乐园畅游爽翻天！<br>4. 中午午饭后，可以去洼里小小动物园游玩，和小动物们亲密接触。<br>5. 下午15：00集合返回芍药居，度过愉快的一天 |
| 活动须知 | 儿童体验项目：陶艺（仅限儿童体验）<br>成人费用：70元/人<br>1米以下儿童：80元/人<br>1米以上儿童：108元/人<br>费用包含：<br>1. 洼里乡居楼门票<br>2. 畅玩洼里儿童乐园<br>3. 乡村民俗体验：儿童陶艺制作（成品可带走）<br>4. 参观洼里博物馆<br>5. 洼里小小动物园游玩<br>6. 往返空调旅游车<br>费用不含：<br>午餐需自理 |

1. 准备工作。学生根据导游接待服务工作需要，收集工作所需了解亲子团队和休闲农园的相关信息；教师介绍接待儿童团队的主要技能和注意事项。

2. 制订工作计划。督促学生积极完成特殊团队导游服务技能的学习；观察并记录学生的工作表现，作为过程性考核和分组调整的依据；解答学习中的疑点，完成工作项目。

3. 工作任务实施。根据掌握的特殊团队导游服务主要技能，开展以上任务学习；提醒学生完成学习任务时应注意的事项；分别观察记录各组学生工作表现，作为过程性考核依据。

4. 工作评价。提醒学生掌握知识的准确性；组织学生各组交叉评价各组工作成果，学习成果分享。

◆【技能训练】

1. 北京洼里博物·乡居楼乡村文化庄园导游接待情景模拟。

要求：

（1）以2～3人为一小组，分组进行训练。

（2）设置不同的导游接待情境（如带团游览、客房服务及餐饮服务等）和不同的特殊团队（老年团、残疾人团、学生团等）接待对象，模拟接待过程，并讲解应该注意的事项。

2. 案例分析

江西某旅行社导游小李作为全陪带领28人的中学生夏令营旅游团赴北京旅游。团队到达北京的当晚，就有一名学生睡梦中从上床滚下摔破了下巴，结果送医院缝了三针。次日安排上午游览天坛，下午游故宫博物院。但在天坛有7、8位学生与团队走失，致使多花了三个小时才把人找齐。团队到达故宫博物院时已是下午4点，地陪要求一个半小时内游完故宫博物院并在北门集合。学生只好一路小跑，这才基本准时到达集合地点，但所有人都对游览时间太短怨声载道。晚餐时学生又累又饿，餐厅上菜节奏却很慢，往往一道菜上来立刻被抢光，然后众学生就敲着饭碗等菜，弄得餐厅里乌烟瘴气，乱七八糟。作为全陪的小李赶紧与餐厅交涉，希望上菜速度稍微快点，没想到却被服务员讥讽一顿，心里很不舒服。

思考：导游员对于接待青少年这样的特殊团队应该做哪些必要的准备和应掌握哪些接待技巧？

## 项目三　博物馆型（以周口店遗址博物馆为例）

### 如何提高导游讲解技能

【项目目标】

技能点：
① 导游人员讲解的基本要求；
② 周口店遗址博物馆导游词讲解。

知识点：
熟知博物馆导游工作的工作流程和服务规范，针对不同的旅游者和参观人员，做好不同的导游词撰写和讲解工作；结合讲解员的工作经验针对讲解词撰写的原则与技巧进行案例讲解。

验收点：
通过本项目的学习，学生能够根据不同博物馆的特点以及旅游者的需求，进行科学精准的导游服务，达到较好的工作效果。

【导入】

在北京西南约50千米的地方有一处世界闻名的古人类遗址，在这里共发现27处具有科研价值的化石地点，其中第一地点猿人洞出土200多件古人类化石、数万件石器、近百种动物化石以及丰富的用火遗迹。这就是被誉为"北京人"之家的周口店遗址。周口店遗址1961年被国务院公布为第一批全国重点文物保护单位；1987年被联合国教科文组织列入《世界遗产名录》。周口店遗址博物馆1997年被中宣部评为全国百家爱国主义教育示范基地之一；2005年被国家旅游局评为国家AAAA级旅游景区；2006年被共青团中央授予"全国青少年科普教育基地"称号；2008年5月被国家文物局评为国家一级博物馆，同年9月被北京市教育委员会授予北京市中小学课程教学活动实验基地。随着博物馆事业的蓬勃发展，为了满足广大观众的参观需求并且更好地保护周口店遗址，2011年周口店遗址筹建新博物馆。2014年5月18日，博物馆正式对外开放。博物馆建筑形式以"北京人"使用的石器为造型，集研究、收藏、展览展示、科普教育、文化交流于一体。馆内展出古人类、古动物和文化遗物等化石标本1000余件，系统介绍了周口店遗址的发现、发掘、研究和保护。

## ◆【项目情境】

近期旅行社的小张要接待一批从河南慕名而来参观周口店遗址博物馆的旅行团。虽然小张是一名有着丰富经验的地陪，接待过来自天南海北各种不同地域的各种旅游者。但周口店遗址博物馆在北京市的房山区，属于远郊区县，对于长期讲解北京主要六大景点的小张来说，要想为旅游者做好周口店遗址博物馆的导游工作还真不是件容易的事，所以小张决定先自驾去一趟，收集一些资料，听一次专业讲解。

## ◆【项目分析】

小张需要到周口店遗址博物馆取得详细的资源介绍，然后根据博物馆导游词撰写要求突出针对性、思想性、科学性、知识性、艺术性。同时还要兼顾到他所提供服务的旅游团队，因其是慕名而来，所以小张的讲解要做到准确恰当，生动鲜明，浅显易懂，内容丰富，具有趣味性。

## ◆【知识链接】

### （一）导游讲解的重要性

农事展览馆、民俗博物馆、陈列展厅等作为乡村旅游向公众开放的参观型室内旅游景区，在较为封闭的环境当中，导游员需要使用规范的仪态手势、严谨的语言和丰富的专业知识，为旅游者提供精准的导游服务。讲解是一门综合艺术，包括文字语言的使用，有声语言的表达，态势语言的表现和情感世界的调动等方面。而我们的导游员就是以声波为载体传递着展品与观众的交流。

导游人员要想为旅游者提供生动有趣和知识内容丰富的讲解，除了平时知识的积累和语言态势的训练，必不可少的就是一篇内涵丰富的导游词。写好一篇导游词要做到有思想、有境界、有故事。

① 导游员需要思路清晰，用浅显易懂的语言向旅游者讲明白展览以及所展

示的物品的意图、原则、主题和内容，使旅游者有一个整体的了解。

周口店遗址位于北京市房山区周口店镇。最早发现于1918年，1921年试掘，1927年正式发掘。在周口店遗址考古工作者先后发现不同时期的各类化石和文化遗物地点27处，出土了分属于40多个个体的200余件古人类化石，10余万件石制品，上百种动物化石和大量的用火遗迹。涵盖了直立人、早期智人、晚期智人三个古人类阶段，构成一个连续的古人类演化序列，在古人类遗址中绝无仅有，具有重要的科研价值，是体现生命进化、人类变迁的典型地区和人类化石宝库，在古人类学、旧石器时代考古学、第四纪地质学和古生物学上均享有重要地位。

② 通过导游员的介绍让旅游者明白博物馆展览的目的、内涵及其意义，促进自身素质的增长，使旅游者通过博物馆的展品介绍走进历史，感受多样文化，真正地了解历史，通过直观的方式加深对知识的理解，感受历史的变迁。

为了更好地服务学校、惠及学生，周口店遗址从自身特点出发，积极开展丰富多彩的活动，成功举办了"寻根溯源 传承文明""星星火炬传递文明之光 莘莘学子争做礼仪少年"等主题教育活动；深入研究学生课本，开发了动手制作、模拟发掘、钻木取火等科普互动项目，除此之外还推出精品课程，可以更好地接待数以万计的同学参加周口店遗址社会大课堂活动。如果您想了解关于人类起源的更多知识，那么一定要走进周口店遗址。在这里，有世界上同时期古人类遗址中内容最丰富、材料最系统、最具有学术价值的化石材料，是古人类学、旧石器考古学、古生物学、地质学等多学科综合研究基地。

（资料来源：社会实践大课堂手册）

③ 针对不同类型的旅游者，要采用不同的讲解方式。使用旅游者能听懂的"语言"，让他们学到更多的知识。导游员的讲解要做到具有针对性、思想性、科学性、知识性和趣味性。

周口店遗址有一处采用矩阵式布景的展陈方式的石器墙，陈列五百余件北京猿人制作和使用过的石器工具，我们以此为例介绍不同类型的观众不同的讲解方式。

（1）针对幼、中小低龄型观众的趣味讲解

小朋友们，你们现在看到的这些石头它们摆在这个展柜里就有了一个新的名字叫作"石器"。当时有一群外出觅食找吃的猿人们，他们在一条小河里发现了这些十分坚硬的河卵石,顺手捡起了两块,左手一块,右手一块,用力一碰,石头就破碎了,圆圆的石头经过这一撞击就出现了锋利的角,猿人用手中的"石头"去割地上的野菜,非常容易,就像小朋友们使用的小刀子,一下很顺利地就将野菜收割了,他们高兴地大叫起来。就这样猿人就用两块石头敲敲打打,不同的撞击,制作出了比我们现在看到的还要多很多的石器。

（2）针对大多数普通型观众的常规讲解

现在我们看到的是大型的石器墙,在猿人洞出土了10万余件的石器,选出了500件石制品做成了这面精美的石器墙。可以看到排列有序,规模十分宏大。值得一提的是眼前的这两块石器,不知道各位有没有注意到博物馆的造型,它区别于传统的建筑。设计者就是根据这两块石器得到了很大灵感,设计的博物馆的外形。这些石器的种类很多,如刮削器、砍砸器和尖状器等。刮削器是用来分割动物的皮毛以及肉所使用的工具,砍砸器是用来狩猎的工具,尖状器是妇女在挖草根时所使用的工具。

（3）针对学术科研型观众的专业知识讲解

在周口店遗址的第一地点,考古工作者发现了超过十万余件的石制品,对于研究旧石器时代早期的石器文化具有重要意义。因为石器作为开发环境的工具,同人类所处的自然环境及可利用资源密切相关,而不同环境资源的开发和利用,又导致不同的经济类型的产生。中国旧石器文化可分为两大技术系统,即北方地区的石片石器——刮削器系统和南方地区的砾石石器——砍砸器系统。周口店遗址就是前者的代表性地点。这种以刮削器额小尖状器为主的小型石片石器系统文化,主要是一种适应草原或以草原环境为主的文化类型。这些工具主要用于切割和刮削等,体现的是草原环境的采集与狩猎经济。

## （二）以周口店遗址博物馆为例展开导游讲解

### 1. 基本概况

周口店遗址博物馆位于北京市的房山区,是一处自然科学类的博物馆,1953年在考古发掘的基础上建成了300平方米的"中国猿人陈列馆"。1971年为了更好地满足观众的需求,扩建了1000平方米的"北京猿人展览馆"。2011年7月开始筹划建设我们现在所在的新馆,于2014年5月18日国际博物馆日正式向公众开放。新馆面积8093平方米,分五个展厅向我们展示了周口店遗址的发现、发掘、研究以及保护如图2-14所示。

我们现在所处的位置就是场馆的序厅,序厅主要分三部分,售票咨询处和考古发掘互动游戏休息区以及一组古人类雕像群,这三座雕塑分别是北京猿人背鹿狩猎归来，山顶洞人使用工具狩猎，缝制衣物的场景，这些雕塑形象生动地呈现了我们祖先在漫长的生产实践过程中不断地积累着生活经验。

周口店遗址早在1961年被国务院公布为首批全国重点文物保护单位。1987年被联合国教科文组织列入《世界遗产名录》，2005年被评为4A级旅游景区，2008和2010年周口店遗址博物馆先后两次被评为国家一级博物馆。

那为什么周口店遗址有如此多的荣誉呢？那就让我们进入第一展厅一起来看看，第一展厅通过展板和实物相结合的方式向我们展示了周口店遗址的发现和发掘。

周口店遗址于1918年被发现，1921年试发掘，1927年正式发掘，涵盖了直立人、早期智人、晚期智人三个古人类遗址群。同样这些发现也奠定了周口店遗址在古人类学古脊椎动物学方面的重要的科学地位。

图2-14　周口店遗址博物馆

### 2. 历史沿革

周口店地区位于华北平原，背靠燕山山脉，属于山地丘陵地貌，整个遗址保护面积4.8平方千米，共发现了27处具有学术价值的化石地点，其中以龙骨山为核心保护面积为0.24平方千米。龙骨山西南1.5千米的这座山名为鱼岭，因为在此发掘出土了2000多条鱼类化石。距龙骨山西侧方向6.5千米的山是考古学家最早到周口店进行发掘的山脉，因发掘出土了大量的类似鸡骨头似的小型化石，因而得名鸡骨山。这条河名为坝儿河，现已改名周口河，这座白色建筑物正是我们所在的博物馆。

透过这个透视窗我们可以看到离我们最近的这个山就是龙骨山，考古学家在此发现了8处化石地点，其中包含3处人类化石地点——距今约50万～77万年的直立人、距今约10万～20万年的早期智人和距今约1万～3万年的晚期智人，使得周口店遗址形成一个连绵几十万年的古人类遗址群。这些遗址的发现为古人类学、旧石器考古学以及第四纪地质学都提供了珍贵的考古材料。

那么周口店遗址是如何被发现的呢？

最早来到周口店地区寻找化石并卓有成效的是这位来自瑞典的地质学家安特生。他于1914年来到中国，展柜里就是安特生来中国的护照（复印件），当时受聘于北洋军政府，担任农商部矿政顾问。1918年安特生从一位朋友口中得知周口店附近有龙骨，便只身一人来到鸡骨山进行发掘，在鸡骨山上他只发现了一些细小的动物化石，并没有发现古人类的化石。后来到了1921年，他和他的助手——来自奥地利的古生物学家师丹斯基在当地农民的引导下，来到了龙骨山进行试掘。很幸运他们在龙骨山上发掘出一枚似人似猿的牙齿化石，由于当时科研条件有限，他们将这些掺杂着泥沙的化石堆积物运到瑞典的乌普萨拉大学进行细致的科学研究，共清理出三颗人类牙齿化石。这些化石的发现并没有在第一时间公布，而是到1926年欢迎瑞典皇太子古斯塔夫·阿尔道夫的欢迎会上，将这一发现公之于众。这颗牙齿测定年代距今约50万年左右，足足将我们人类的历史向前推进了40万年，因为在此之前我们已知最早的人类是在德国发现的距今约10万年的"尼安德特人"，所以"北京人"的发现使得周口店遗址备受世界科学的瞩目。

中间展柜里展出的是一些石英制品。这些石英制品非常坚硬，周口店地区山体都是石灰岩地质，按常理不会有石英，而安特生想到这些石英可能是从别的地方搬运而来。排除了风、流水和野兽搬运的可能性，他推测这些石英片是人为搬运而来，很有可能是古人类打制石器的原材料。这些石英制品的发现从一定角度上对古人类的发现起到了推动作用。

1927～1937年是周口店遗址的系统发掘时期，当时担任中国地质调查所的所长翁文灏和美属的北京协和医院人体解剖系主任的步达生四处奔走，在各方的努力下，终于签署了两个机构合作发掘的协议，简称"翁步协议"。展柜中的就是"翁步协议"，协议的大致内容说的是由美国洛克菲勒基金会来出资，共同发掘周口店遗址，并注明发掘出的所有化石材料归中国所有。

1927年周口店的发掘工作由中国地质学家李捷和瑞典的古生物学家步林主持。当年又发现了一颗保存完好的人类牙齿化石，步达生经过仔细研究对比，给这种古人类一个古生物学学名——"中国猿人北京种"。之后由美国古生物学家简称为"北京人"。这个名字一直沿用至今。

科学家裴文中先生，他在1929年12月2日在猿人洞第十层的一个小的支洞里发现了第一颗比较完整的"北京人"头盖骨。之后在1935年裴文中受到法国旧石器考古学家步日耶的邀请赴法国留学深造,接下来的发掘工作就交由同样年轻的贾兰坡先生主持。贾先生是一位学历不高但是通过自身努力使得自己成为一名考古学家的传奇人物,1936年11月15~26日,不到半个月的时间内连续发现了3颗"北京人"的头盖骨,这一发现震撼了古人类学界和考古学界。

这些都是对周口店遗址发掘工作有突出贡献的科学家。这是周口店遗址发掘工作的现场照片,当时发掘是采用打格分方,从上到下,井式挖掘的方法进行发掘。

这张照片是当时裴文中先生抱着他发掘出土的第一颗完整头盖骨化石的合影。由于当时负责拍摄的王存义先生特别激动,把所有的重点都放到头盖骨上,忽略了裴文中先生的面部,所以这张照片只能看到半张脸的裴文中先生。

3. 主要发掘成果

(1) 北京人时期

① 北京人。独立展柜中展示的就是裴文中先生发现的一颗完整头盖骨化石,是属于一个8~9岁小男孩的个体,他的脑容量约为915毫升。他的眉骨十分突出,枕骨也是十分突出,但是颅底大孔和脊椎相连接的部分是垂直的,正是从这一特征判断当时的北京猿人是直立行走的。这只是一个模型,真品已经在第二次世界大战时期丢失了。

1937年,周口店遗址的发掘工作正值黄金时期,因为"卢沟桥事变"而被迫中断。

直到1949年后才得以恢复。1966年在猿人洞的第三层发现了北京人的额骨和枕骨化石,极其巧合的是与1934年发现的人类左侧颞骨和1936年的右侧颞骨拼凑一起是同一个人的个体,也是周口店遗址目前唯一保存下来的北京人头盖骨化石。目前保存在中国科学院古脊椎动物与古人类研究所。该头骨为成年男性头骨,脑容量约为1140毫升。

异型展柜展出的是半个世纪以来出土的人类化石材料,共有200多件,包括157颗牙齿化石,完整和较完整的头盖骨化石6颗,这些材料分别属于40多个男女老幼不同的个体。可以统计出年龄的有22个人,考古学家根据这22个人做了这个寿命的统计表。有68.2%的人不超过14岁,只有一位女性活到了50岁左右,这也说明了当时他们的寿命是比较短的。

这边是头骨和脑容量的对比,第一颗是现代猿的,也就是大猩猩的头骨,第二颗是"北京人"的头骨,第三颗是现代人的头骨。可以看到大猩猩有非常突出的矢状脊。矢状脊和我们的咀嚼是密切相关的,大猩猩是吃生食的,它的咀嚼能力非常强,所以它的矢状脊就比较发达。到了"北京人"时期,他们已经懂得使用火种来烤熟食物来吃,他们的矢状脊就有了明显的退化。到现代人,不再食用生肉,矢状脊基本就退化了(同时眉骨也是从大猩猩时期到"北京人"再到我们现代人都是一点点地在变低。牙齿也是如此，大猩猩的牙齿比较粗壮，"北京人"的牙齿就退化很多了，现代人的牙齿已经退化得很小了）。右侧是脑容量的对比。大猩猩的脑容量约600毫升。"北京人"的脑容量约为1088毫升，现代人的脑容量为1400毫升左右。但人的脑容量和智商并不成正比，并不是脑容量越大的人越聪明，在德国发现的"尼安德特人"的脑容量为1500毫升左右，但是他们并没有我们现代人聪明。

接下来我们看看"北京人"的身高。这是从第一地点出土的"北京人"的肢骨残段，右侧是现代人的一段完整的肢骨，通过对比，专家推算北京人男性大约身高1.56米，女性身高1.44米。

北京人的发现解决了一个跨世纪的问题，那就是爪哇人作为直立人阶段是否是人的争论。爪哇人因被发现当时只有一些人类的化石材料，并没有发现工具等其他可以证明爪哇人为人类的证据，所以爪哇人一直被科学界认为这种古人类为猿类。但是周口店发现的"北京人"和爪哇人属于同一时期，生活年代相近。周口店遗址不仅发现了大量的人类化石材料还发现了他们日常生产和生活中，制造和使用过的工具——石器。这些古人类遗迹的发现都证明了周口店遗址发现的"北京人"属于人类，由此推断出和"北京人"同时期的爪哇人也属于人类，所以"北京人"的发现"挽救"了爪哇人的命运。

② 伴生动物。我们现在看到是中国鬣狗的完整骨架，这是由多只鬣狗的化石拼接而成的。它有非常厉害的称号——草原第一清道夫。中国鬣狗是当时生活在草原上最凶猛的动物之一，它体积庞大，牙齿粗大结实，在捕捉猎物时可以连骨头带肉一同吞到腹中，消化不了的碎骨就随同粪便一同排出，正因为它的粪便中含有骨渣这类的物质，所以得以形成这么完整的粪便化石。

这边展柜展出的都是和"北京人"同一时期生活过的伴生动物的化石。其中比较有代表性的有：棕熊、野猪、剑齿虎、变异狼，等等。其中很多动物的名字都是为了纪念一些科学家，以他们的名字命名的，如李氏野猪就是为了纪念自然学家理查德·莱德克，以他的名字命名的。展柜中还有一些小型动物的化石，如野兔还有鸟类、鼠类和一些两栖动物，比较有特点的如完整的蟾蜍骨架化石和蛇的脊椎骨化石以及鸵鸟的蛋片，等等。

通过这些动物的化石我们可以了解到当时的环境，当时是属于温带大陆性季风气候，当时的气温比现在稍暖一些。有广阔的草原，丰富的水资源，动物种类繁多，非常适合人类和动物们生活。

③ 生存环境。第二展厅主要是通过一些复原模型和他们使用过的一些工具向我们展示"北京人"当时的生活状态。通过这些复原场景我们可以更直观地了解到50万年前"北京人"时期的生产、生活、环境到底是什么样子。

大约4亿年前，我们的脚下是一片汪洋大海，大约7000万年前，华北地区开始了强烈的造山运动，海底沉积物抬升为陆地，经过风吹雨蚀变得越来越大，

500万年前由于雨水顺着岩体裂隙向下渗透，逐渐向岩体内部溶蚀，变成溶洞，猿人洞就是这样形成的。在300万年前由于河水下切，山体太高露出洞口，"北京人"约在58万年前搬进了洞穴，并留下了超过20万年的堆积物。约23万年前，由于洞顶坍塌，"北京人"离开这里，寻找新的居住地。

我们看到的就是猿人洞的洞穴堆积剖面图，从上到下共分为13层，新中国成立前发掘了11层，其下是新中国成立后发掘的，在第10层裴文中先生发现了第一颗完整的人类头盖骨，人类化石发现最多的是8~9层，贾兰坡先生发现的三颗头盖骨也是在这两层发现的。在第3层出土了至今唯一没有丢失的人类额骨和枕骨，第4层发现了6米厚的灰烬。在第6层和第13层发现了中国鬣狗的骨架化石和粪便化石。这是华北地区保存最完整的第四纪洞穴堆积剖面图。

④ 生活状态。这里是"北京人"生活一天的复原动画。"北京人"时期的女性主要负责采集果实，男性负责外出狩猎。但并不是每次狩猎都有收获，所以只能靠女性采集野果、野菜，来维持他们的日常所需。旁边是"北京人"打造石器的场景，他们打造石器有三种方法，碰砧法、砸击法、锤击法。

展柜里面展出的是肿骨大角鹿的角，被切割和自然脱落的对比。旁边容器里是朴树种子。这个展柜展出的是灰烬化石。这些都是人类用火的证据。当时"北京人"使用火种都是自然火，如雷电触击树木引起的森林火灾，或者森林里落叶堆积过厚引起的自燃，等等。他们将火采集回来带到洞中进行熟食的加工，取暖照明，驱赶野兽等。

在猿人洞发掘出土了大约十万余件的石器，我们选取了其中的五百件做成了这面精美的石器墙。石器种类丰富，包括刮削器、砍砸器、尖状器，等等。这些石器分别起到砍、砸、劈、刮、切、钻等作用，可以满足当时人类从事采集、狩猎、防身、分割食物等需求。值得介绍的是这两块石器，我们周口店遗址博物馆的外形设计灵感就来源于这两块石器。

（2）早期智人

这里是周口店遗址又一重要的化石发掘地点——第四地点，也是一处保存着原始洞穴自然风貌的地点。这个洞冬暖夏凉，于1927年发现，1937~1938年正式发掘，发现了40多种哺乳动物的化石和人类用火的证据，灰烬、烧骨烧石。特别是1973年再次发掘出土的一颗古人类牙齿化石，是一名男性第一左上前臼齿，据测定距今10万~20万年，介于"北京人"和"山顶洞人"之间的一种古人类。它的出现正好填充了"直立人"和"晚期智人"之间的空缺。属于"早期智人"阶段，也使得周口店遗址形成了一个连绵几十万年的古人类遗址群。

（3）晚期智人

① 田园洞人。周口店遗址第27处化石地点——田园洞，发现于2001年，2003~2004年考古工作者进行了发掘，发现了34件古人类化石和39种哺乳动物化石。在这里发掘出土了人类趾骨化石，从这枚趾骨化石可看出，他的脚趾中

间段变细了，有弯曲的弧度。当时田园洞人的脚长期受到了束缚导致了骨骼的变形，考古学家推断田园洞人是最早穿鞋的远古人类，距今4.2万～3.85万年。

②山顶洞人。"山顶洞人"距今1万～3万年，面前这些照片都是发掘山顶洞时的现场照片。1930年发现，1933年进行发掘，发现了40多件人类化石材料分属8个不同的个体。其中有三颗比较完整的人类头骨，科学家通过第一颗男性的头骨对"山顶洞人"进行了肖像复原，从这个复原头像可以看出"山顶洞人"已经非常接近我们现代人了，属于东亚人的变异范围，属于早期的黄种人，当时的"山顶洞人"的身高，男性约1.74米，女性1.59米。

在山顶洞发现一枚骨针，针身长82毫米，略带弯曲，是用老虎的骨头磨制而成，表明曾经被使用过很长时间。说明那时候人类已经开始学会为自己缝制衣物抵御寒冷了。

这些是当时的"山顶洞人"所使用的饰品，出土了140余件，他们将一些动物的头骨、牙齿、贝壳、骨管等用野兽的筋串在一起，戴在身上，打扮自己，证明了当时的"山顶洞人"已经有了爱美之心。

山顶洞的内部结构分为洞口、上室、下室、下窨四个部分，上室是"山顶洞人"生活起居的地方。下室考古学家推断是墓地，他们将死去的亲人埋葬在下室这个位置，在他们身上撒一些红色的赤铁粉，使逝者在身体和心灵上得到一些慰藉，也意味着当时他们之间已经有了深厚的亲情。这也是我国目前发现的最古老的墓葬形式之一。下窨在这没有体现。

山顶洞还有一部分是下窨。这两具完整的动物骨架化石（洞熊和虎）就是出自下窨。下窨是一个窄而深的落水洞，专家推测下窨很有可能是一个天然的陷阱，动物在躲避风雨的时候不小心坠落，无法逃脱，历经数万年形成完整的化石。

（4）其他化石材料

周口店遗址的第15地点。该地点出土的石器约一万件以及33种哺乳动物的化石，距今约10万～20万年。石器都和之前出土的石器相比较打制得更为精细了，利刃面更为锋利，说明他们制作工具的水平有了明显的提高。早期的第15地点和第4地点是相通的，考古学家由此推断第15地点可能是"早期智人"用来打制石器和分割食物的仓库。在第15地点并没有发现古人类的化石遗迹。

现在我们看到的是第14地点出土的鱼化石，距今约500万年前，是27个化石地点中年代最久远的一处。这些鱼当时生活在水里，由于地壳运动，水位上涨，鱼随着水冲到溶洞里，水位退去，鱼无法出去，多次冲击，大量的鱼死在里面，洞顶的坍塌使得这些鱼隔绝空气密封在土壤里，几百万年以后形成鱼化石。这里发现2000多块鱼化石，选取105条鱼化石做了这块精美的鱼壁。我们在鱼壁上可以清楚地看到鱼的痕迹，这些都是淡水鱼，主要品种是鲃鱼，这些都是真品原件，拿显微镜都能看到里面的鱼卵。

独立展柜展出的是肿骨大角鹿的头骨带完整角的化石,它的角展开约2米左右,非常雄壮美丽。但鹿科生物的角是周期性脱落,需要消耗大量的生存资源。巨大的角还会导致它奔跑起来比较笨重,在冰期,植被的减少、生存环境的恶劣,使得肿骨大角鹿成为当时古人类及食肉动物主要的肉食来源之一,最终灭绝掉了。

(5)现状和保护

大家仔细参观可以发现博物馆的人类化石基本上都是模型,动物化石大多数是真品原件,因为1937年"卢沟桥事变"的暴发,日本迅速地占领了中国很多地方。在此之前我们的化石都存放于美属的协和医院,到了1941年的时候由于日美关系的紧张,我们的化石如何存放就成了亟待解决的问题,最终决定将这些化石全部装箱,从北京的美国大使馆出发,坐火车运往秦皇岛,再从秦皇岛坐船送往美国纽约的自然历史博物馆进行暂时的保存,就在1941年12月7号这天,日本的飞机轰炸了美国的珍珠港,两国开战,化石就在转运的过程中丢失,目前仍下落不明。

化石虽然丢失了,但后续我们也一直在积极地寻找。2005年,以政府名义成立了寻找"北京人"化石工作委员会,并将办公室设在周口店遗址博物馆内,希望可以早日找到失落的国宝。这些是针对当时的一些线索寻找"北京人"化石的照片,以及专家召开的座谈会,等等。

化石丢失很可惜,但我们更应该保护好现存的宝藏。周口店遗址是我国古人类学、旧石器时代考古学和第四纪地质学的发源地,也是全人类的重要文化遗产。保护好周口店遗址,规划好周口店遗址的发展与未来,是我们义不容辞的责任。

此次游览到这里就结束了,如果您有什么感兴趣的可以自行参观,谢谢各位对我工作的支持和配合,期待我们下次的再会!

## 参考文献

[1] 刘晓杰，贾艳琼. 导游实务[M]. 第2版. 北京：化学工业出版社，2015.

[2] 王春玲，陆霞. 导游实务实训教程[M]. 北京：旅游教育出版社，2011.

[3] 胡华. 导游实务[M]. 北京：旅游教育出版社，2012.

[4] 车秀英. 导游服务实务[M]. 大连：东北财经大学出版社，2012.

[5] 北京市旅游业培训考试中心. 导游服务规范[M]. 北京：旅游教育出版社，2013.

[6] 梁智，汪爽. 导游业务[M]. 北京：电子工业出版社，2014.

[7] 潘贤丽. 观光农业概论[M]. 北京：中国林业出版社，2009.

[8] 杨永杰，耿红莉. 乡村旅游经营管理[M]. 北京：中国农业大学出版社，2011.

[9] 罗凯. 美丽乡村之农业旅游[M]. 北京：中国农业出版社，2017.

[10] 保继刚. 建设旅游管理一级学科，加快旅游人才培养[J]. 旅游学刊，2015，30（9）：1-2.

[11] 陈娟，马国胜. 服务乡村振兴的新型职业农民产教融合定向培养实证研究[J]. 安徽农业科学，2018，46（34）：222-224.

[12] 王兵. 从中外乡村旅游的现状对比看我国乡村旅游的未来[J]. 旅游学刊，1999（2）：38-40.

[13] 郭剑英，沈苏彦，是丽娜，等. 农林院校旅游管理专业教育国际化发展存在的问题及应对措施[J]. 江苏经贸职业技术学院学报，2012，（6）：65-67.

[14] 尤海涛，马波，陈磊. 乡村旅游的本质回归：乡村性的认知与保护[J]. 中国人口·资源与环境，2012，22（9）：158-161.

[15] 卢小丽，成宇行，王立伟. 国内外乡村旅游研究热点——近20年文献回顾[J]. 资源科学，2014，36（1）：200-203.